西部非遗与设计

主　编　李文凤

副主编　白拴锁

西北工业大学出版社
西安

【内容简介】本书分为上篇、中篇、下篇三部分。上篇为"西部非遗概述",分为五章:第一章对非遗的基本知识进行了阐述,从多角度对非遗的概念、分类、特征进行了界定;第二章为西部非遗概说;第三章主要阐述了西部非遗的审美,深入讲解了西部非遗的审美特点及相关案例;第四章对西部非遗的精神内涵进行了论述;第五章讨论了西部非遗的现状与前景展望。中篇为"西部非遗设计创新",分为两章:第六章探讨了乡村振兴战略推动下的西部非遗;第七章讨论了西部非遗设计。下篇为"西部非遗创新设计案例选粹",精选了21个实践案例进行分析。

本书适合从事非遗相关行业的艺术教育工作者、艺术类院校的学生,非遗学、设计学领域研究人员参考阅读。

图书在版编目(CIP)数据

西部非遗与设计 / 李文凤主编. -- 西安 : 西北工业大学出版社, 2025. 5. -- ISBN 978-7-5612-9685-1

Ⅰ. G127

中国国家版本馆CIP数据核字第20245A049S号

XIBU FEIYI YU SHEJII

西部非遗与设计

李文凤　主编

责任编辑:隋秀娟	**策划编辑**:李　萌	
责任校对:马婷婷	**装帧设计**:高永斌　刘逸雯	

出版发行:西北工业大学出版社

通信地址:西安市友谊西路 127 号　　　邮编:710072

电　　话:(029)88491757,88493844

网　　址:www.nwpup.com

印 刷 者:西安五星印刷有限公司

开　　本:787 mm×1 092 mm　　1/16

印　　张:11.75

字　　数:214 千字

版　　次:2025 年 5 月第 1 版　　2025 年 5 月第 1 次印刷

书　　号:ISBN 978-7-5612-9685-1

定　　价:68.00 元

在中华文明诞生的广袤大地上，西部地区以其独特的地貌、气候和民族构成，孕育了丰富多彩的非物质文化遗产（简称"非遗"）。这些非物质文化遗产不仅承载了西部地区深厚的历史文化底蕴，同时也展现了各民族人民的智慧和创造力。随着时代的进步和科技的发展，创新设计成为推动文化发展的重要力量。因此，本书以"西部非遗与设计"为核心，深入探索两者之间的融合与共生之道，旨在为相关领域的学习者提供全面系统的理论基础和切实可行的实践指导。本书将通过具体的非遗与创新设计实践案例，在非遗的保护和传承中，注入新的设计元素和创意理念，开创西部地区文化保护和经济发展的双赢局面。

非物质文化遗产是文化环境和地理环境相互作用的产物，是各民族代代相传的各种传统文化的体现，与群众生活密切相连且以非物质形态存在，更是中华文化与人类精神文明绵延至今的生动见证。西部地区包括重庆、四川、贵州、云南、广西、陕西、甘肃、青海、宁夏、西藏、新疆、内蒙古等 12 个省、自治区和直辖市。目前我国已认定的 50 个少数民族中，有将近 50 个世代居住在西部地区。西部各民族在久远的历史长河中创造并形成了包括语言、信仰、神话传说、歌谣、舞蹈、曲艺、戏剧、服饰、建筑、工艺、礼仪以及生存理念、生活和生产方式等在内的极具保护价值和开发潜力的非物质文化遗产资源。

随着国家文化战略的推进，西部非遗的保护和传承逐渐受到学术界的重视。学者们从多个角度对西部非遗进行深入研究，包括非遗的历史渊源、文化内涵、艺术特征、传承方式等。同时，设计界也开始关注非遗元素在现代设计中的应用，寻找非遗与设计的结合点。学术界对此课题的研究做出了大量的实践案例，为西部非遗的传承和发展做出了贡献。然而，国家发布的政策和现代市场的需求，对西部非遗与创新设计的融合发展提出了更高的要求。目前，西部非遗与设计的融合发展还有待进一步研究。

西部非遗与设计创新的研究具有重要的现实意义和深远影响，它不仅是保护和传承非遗文化的有效途径，更是推动西部地区文化繁荣和社会进步的重要举措。

西部非遗与设计的研究内容主要涵盖了非遗文化元素的挖掘、整理，以及与现代设计理念的融合与应用。首先，对西部非遗文化资源的全面梳理和深入挖掘，涉及对西部地区的各种非遗项目，如传统手工艺、传统音乐、传统舞蹈等进行详细的调研和记录，旨在全面了解其历史渊源、文化内涵和艺术特征。其次，对非遗文化元素在设计中的应用策略进行研究，如元素的提取、色彩的运用、材质的选择等创新设计手段，让作品既具有传统文化的韵味，又符合现代审美需求。再次，非遗与设计的创新方法。一方面，非遗技艺与现代技术的融合，以及如何通过设计创新来推动非遗文化的传承与发展。例如，通过现代设计手段对非遗产品进行改良和优化，提升市场竞争力。另一方面，通过设计创新来拓宽非遗文化的传播渠道，增强其在现代社会中的影响力。此外，西部非遗与设计的研究还应关注非遗文化在地域性设计中的应用。由于西部地区地域辽阔，民族众多且非遗文化资源丰富多样，因此，打造具有西部地域特色的设计品牌至关重要。西部非遗与设计的研究也涉及非遗文化在设计教育中的推广和普及。将非遗文化引入教学实践中，不仅能让学生更好地了解和传承非遗文化，同时也有助于培养具有创新意识和实践能力的设计人才。

本书分为上篇、中篇、下篇三部分。上篇为"西部非遗概述"，分为五章：第一章对非遗的基本知识进行了阐述，从多角度对非遗的概念、分类、特征进行了界定；第二章为西部非遗概说；第三章主要阐述了西部非遗的审美，深入讲解了西部非遗的审美特点及相关案例；第四章对西部非遗的精神内涵进行了论述；第五章讨论了西部非遗的现状与前景展望。中篇为"西部非遗设计创新"，分为两章：第六章探讨了乡村振兴战略推动下的西部非遗；第七章讨论了西部非遗设计。下篇为"西部非遗创新设计案例选粹"，精选了21个实践案例进行分析。

西部非遗与设计的研究课题是新时代背景下迫切需要解决的问题。希望本书可以为设计师们提供创意灵感，推动西部地区的非遗文化传承，为西部地区文旅发展贡献绵薄之力。

本书从策划到编写，曾得到许多师友的支持和帮助，若没有他们的大力支持，本书也许很难面世，可以说这是一本"集体力量的结晶"。

在此，感谢中国艺术研究院研究员、深圳大学特聘教授、博士生导师李心峰老师对本书知识框架提出的宝贵意见。李心峰先生曾任中国非物质文化遗产保护中心常务副主任，中国艺术研究院马克思主义文艺理论研究所副所长、图书馆馆长、研究生院党委书记及副院长，第七届国务院学位委员会艺术学理论学科评议组成员，中国艺术研究院学术委员会副主任，是著名艺术理论家、非遗研究学者。他在百忙当中为本书写推荐语，体现了他对晚辈后学的奖掖及对探索性、创新性非遗设计教材的充分肯定与热情鼓励。

感谢陕西科技大学研究生杜俊旋、杨光美、郑典涛、刘雅婷、郝悦宏、谢方茜、刘逸雯、陈利苗几位同学在两年间对本书收集资料和编写工作的付出。感谢视觉传达设计专业19级、20级、21级参与实践创作的同学们。感谢陕西科技大学设计与艺术学院领导的大力支持，感谢视觉传达设计教研室主任萧亚琴老师和同事们的支持与帮助。

谨借此书出版之机，向他们再次深表谢意！

本书选材和编写还有一些不尽如人意的地方，加上笔者水平有限，书中难免存在疏漏，敬请同行专家及读者不吝赐教，批评指正。

编 者

2025年2月16日

目录

上篇 西部非遗概述

中篇　西部非遗设计创新

下篇　西部非遗创新设计案例选粹

西部非遗概述

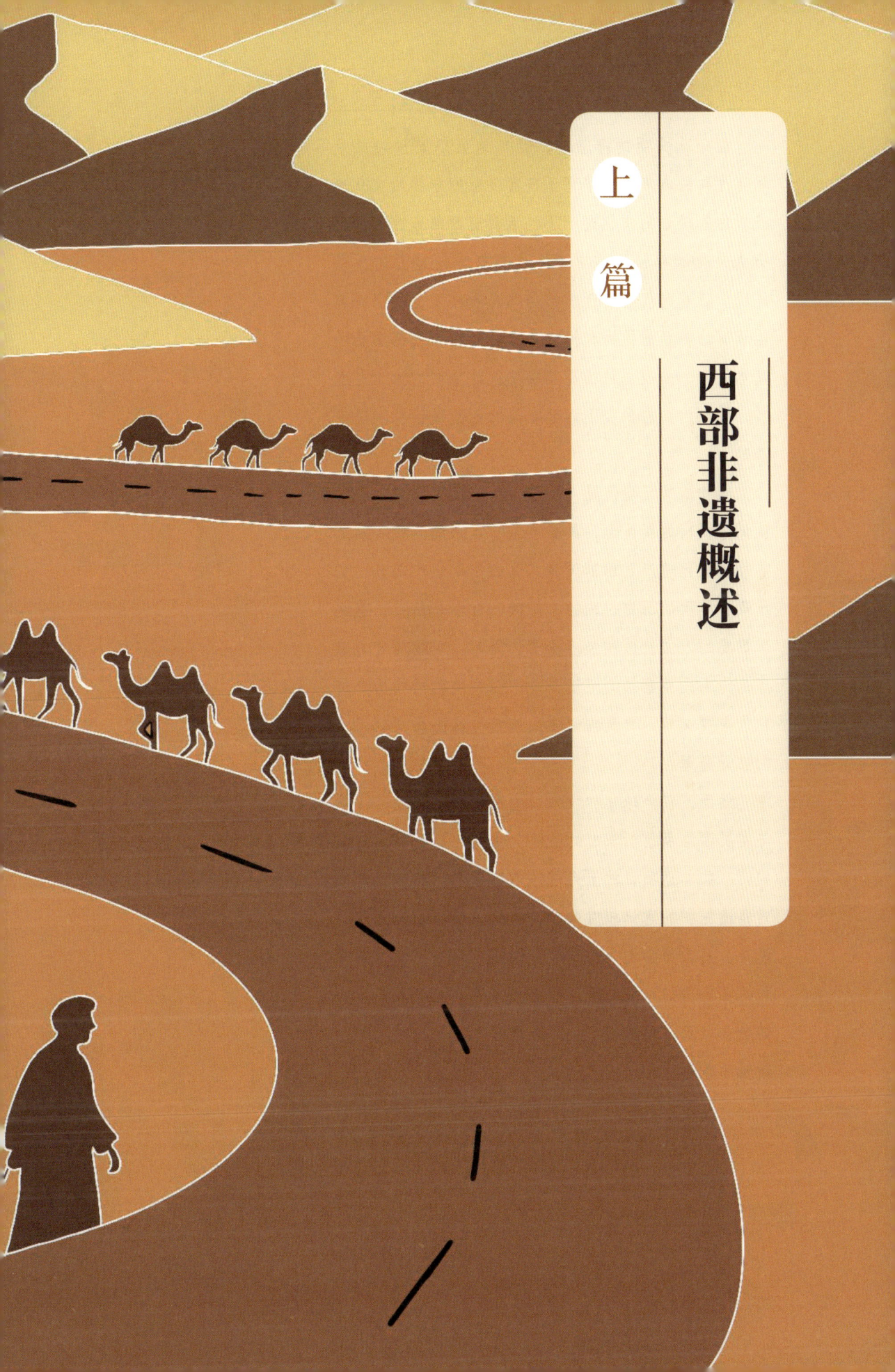

在中华文明的摇篮中，西部地区以其独特的地理环境和民族多样性孕育了丰富多彩的非物质文化遗产。这些珍贵的文化遗产不仅承载着西部地区深厚的历史文化底蕴，更是中华民族智慧和创造力的生动体现。随着时代的变迁和社会的发展，非遗的保护与传承面临着新的挑战和机遇。本书介绍了西部非遗的基本概念、分类、特征及其在现代社会中的传承与发展，旨在为文旅融合下西部非遗的创新设计打下理论基础。

非物质文化遗产是人类在对传统文化发展的不断认识中提出的新概念，具有丰富、复杂的内涵。西部非物质文化遗产是西部民族文化的重要组成部分，它承载着厚重的历史、民俗、宗教、哲学等信息，蕴藏着重要的人文价值和经济价值。同时，非物质文化遗产是传承民族精神的纽带，是挖掘和阅读民族历史文化的重要文献，更是构建各民族精神家园和文化记忆的宝贵资源。

然而，在全球化和现代化的浪潮中，非遗的传承与发展面临着前所未有的挑战。现代化的生产生活方式使一些非遗项目的生存基础受到冲击。同时，人们对非遗保护的意识相对薄弱，导致一些非遗项目传承困难，甚至面临消失的危险。因此，我们不仅需要深入挖掘非遗的深层内涵，更需要探索非遗与现代社会的融合之道。唯有如此，才能更好地保护、传承和创新西部非遗。

第一章

✤

非物质文化遗产的基本知识

第一节　非物质文化遗产的概念

一、非物质文化遗产的基本定义

为了促进非物质文化遗产的发展，我国陆续发布了多项非遗保护政策，如2021年中共中央办公厅、国务院办公厅印发了《关于进一步加强非物质文化遗产保护工作的意见》（中办发〔2021〕24号），并发出通知，要求各地区各部门结合实际认真贯彻落实。

非物质文化遗产是中华优秀传统文化的重要组成部分，是中华文明绵延传承的生动见证，是联结民族情感、维系国家统一的重要基础。保护好、传承好、利用好非物质文化遗产，对于延续历史文脉、坚定文化自信、推动文明交流互鉴、建设社会主义文化强国具有重要意义。党和政府高度重视非物质文化遗产保护工作，特别是党的十八大以来，在以习近平同志为核心的党中央坚强领导下，我国非物质文化遗产保护工作取得显著成绩。

2022年8月25日至26日，全国非物质文化遗产保护工作会议在山东省济南市召开。会议强调，要认真学习贯彻习近平总书记关于非遗保护传承工作重要论述精神，贯彻落实中共中央办公厅、国务院办公厅《关于进一步加强非物质文化遗产保护工作的意见》，推进《"十四五"非物质文化遗产保护规划》（文旅非遗发〔2021〕61号）落地见效，推动非遗保护传承工作再上新台阶。

党的十八大以来，以习近平同志为核心的党中央高度重视非遗的保护和传承，作出一系列决策部署，推出一系列政策举措。习近平总书记在各地考察调研时，多次考察非遗项目，与传承人亲切交流，对非遗保护传承工作作出一系列重要论述和指示批示，为做好新时代非遗保护传承工作提供了根本遵循，指明了前进方向。全国文化和旅游系统要深入学习贯彻习近平总书记重要论述和指示批示精神，全面落实中共中央办公厅、国务院办公厅《关于进一步加强非物质文化遗产保护工作的意见》部署要求，深刻理解把握非遗保护传承的重要意义、基本要求和关键因素，坚定文化自信，坚持守正创新，以社会主义核心价值观为引领，以保护传承弘扬中华优秀传统文化为目标，以满足人民文化需求、增强人民精神力量为着力点，大力实施中华优秀传统文化传承发展工程，扎实做好非遗研究、保护、传承、利用、传播等工作，推进非遗系统性保护，全面提高新时代非遗保护传承水平。要加大保护工作力度，加强非遗基础理论研究，完善非遗调查记录体系，健全非遗代表性项目制度、代表性传承人认定与管理制度，推进文化生态保护区建设。要提高传承实践水平，实施好中国传统工艺振兴计划、戏曲振兴工程和曲艺传承发展计划、中国非遗传承人研培计划，加强新型城镇化建设中的非遗保护。要促进非遗合理利用，发挥好非遗在促进经济社会发展、助力乡村振兴等方面的积极作用，推动非遗与旅游融合发展。要建立健全工作体系，完善非遗保护政策法规体系，健全国家、省、市、县四级非遗代表性项目名录和代表性传承人体系，构建非遗传播推广体系。要加强传承队伍建设，拓宽培养渠道，支持非遗传承人提升技能技艺，加大传承补助支持力度。要推动社会广泛参与，加大非遗传播弘扬力度，持续办好中国非遗博览会、中国成都国际非遗节等重要活动。要加强政策支持、统筹协作和机构队伍建设，推动形成政府主导、社会参与、多元投入、协力发展的非遗保护体系，为新时代非遗保护传承工作提供坚实保障。

不仅如此，国家和地方政府对非遗保护工作的高度重视和大力支持，也使西部地区的非遗保护工作取得了显著成效。通过建立健全非遗保护制度和工作机制，加强非遗项目的普查、认定和建档工作，越来越多的非遗项目得到了有效保护和传承。通过推动非遗与旅游、教育、设计等领域的融合发展，许多非遗项目不仅得以传承和弘扬，还成为促进地方经济社会发展的重要力量。非物质文化遗产，作为人类文明的重要组成部分，其定义和内涵始终是全球文化领域关注的焦点。对于非遗的理解，不同组织和国家根据自身的文化特色和历史背景，给出了不同的解读。

（一）联合国教科文组织对非遗的定义

根据联合国教科文组织《保护非物质文化遗产公约》（2003年通过，2006年生效），非物质文化遗产指被各群体、团体，有时为个人视为其文化遗产的各种实践、表演、表现形式、知识体系和技能及其有关的工具、实物、工艺品和文化场所。非物质文化遗产世代相传，在各社区和群体适应周围环境以及与自然和历史的互动中，被不断地再创造，为这些社区和群体提供认同感和持续感，从而增强对文化多样性和人类创造力的尊重。

联合国教科文组织对于非物质文化遗产的定义具有普遍性和权威性。它明确指出了非遗涵盖的范围和核心要素，为我们理解这一概念提供了重要的参考。

联合国教科文组织对非遗的定义，揭示了非遗的多元性和丰富性，它包括口头传统和表现形式、社会实践、节庆活动、有关自然界和宇宙的知识和实践，以及传统手工艺技能等。

在这个定义中，可以看到非遗的几个核心要素。首先，非遗是社区、群体或个人视为其文化遗产的组成部分，强调了非遗的文化认同性和历史传承性。其次，非遗包括各种社会实践、观念表述、表现形式等，展示了非遗在形式和内容上的多样性和广泛性。最后，非遗还涉及相关的工具、实物、手工艺品和文化场所，体现了非遗与物质文化遗产的紧密联系，也凸显了非遗的活态性和传承性。

通过联合国教科文组织对非遗的定义，可以更加清晰地认识到非遗的丰富内涵和重要意义。它不仅是我们理解和认识人类文化多样性的重要途径，也是我们保护和传承人类文化遗产的重要对象。

（二）不同国家对非遗定义的解读与比较

尽管联合国教科文组织对非遗给出了明确的定义，但不同国家由于文化、历史和社会背景的差异，对非遗的定义和解读也呈现出一定的差异性和多样性。在一些国家，非遗的定义可能更加注重其历史价值和文化传承性。例如，法国通过不断完善和细化法律法规加强对文化遗产的保护，其保护制度的起源可以追溯到19世纪初。1830年，法国设立历史古迹监察官这一职位。1834年，法国历史学家普罗斯佩·梅里美被任命为历史古迹监察官，负责全国历史古迹现状调查和评估保护工作。1837年，法国设立历史性纪念建筑委员会。1840年，普罗斯佩·梅里美向法国政府提交了第一份历史古迹清单，该清单被认为是法国首份文化遗产保护名录。普罗斯佩·梅里美在任期间，共提出将1 000多处古迹列入文化遗产保护名录，奠定了法国文化遗产保护工作的基础。1887年，法国实施的《历史性纪念建筑保护法》明确了法国文化遗产中传统建筑的保护范围与标准。2004年，法国通过了《文化遗产法典》，不仅将历史古迹保护内容编入其中，使得《历史古迹法》成为《文化遗产法典》的组成部分，而且还增加了自然遗产、文学艺术作品和非物质文化遗产保护内容。

而另一些国家对非遗的定义可能更加侧重于其艺术性和创新性。近年来，许多国家积极保护和传承非遗，通过加大非遗人才培养力度、运用现代技术创新传统文化、对非遗产品加强认证和推广等方法，赋予非遗绵延不断的生命力，为促进世界文化多样性作出重要贡献。例如，孔剧是泰国国宝级舞剧艺术，已有400多年历史，2018年被联合国教科文组织列入人类非物质文化遗产代表作名录。随着现代文化生活愈发多样，孔剧的发展也面临挑战，一些年轻人认为孔剧表演"动作缓慢、剧情乏味"，愿意学习孔剧的人越来越少。为此，泰国官方和民间携手推出众多举措，努力保护和传承这一宝贵的文化遗产。日本和纸于2014年被列入世界非物质文化遗产名录，包括埼玉县的细川纸、岐阜县的本美浓纸和岛根县的石州半纸三件，皆是自古流传至今的造纸技术。制造和纸用的长纤维木材，在书道、绘画和折纸等方面都被广泛应用，现如今，在日本各地都有特色鲜明与种类丰富的和纸。他们更关注非遗的艺术表现力和文化内涵，鼓励非遗项目在当代社会中的创新和发展，更加注重非遗在文化教育、旅游开发等方面的应用，通过推广非遗文化来促进文化交流和经济发展。

通过对比不同国家对非遗定义的解读，我们可以发现，尽管存在差异，但各国都普遍认识到了非遗的重要价值和意义。他们都强调对非遗的保护和传承，同时也注重非遗在当代社会中的创新和发展。这种共识为我们推动非遗保护工作提供了重要的基础和动力。

二、《非遗法》对非物质文化遗产的界定

（一）《非遗法》的立法背景

中国的非物质文化遗产保护立法工作始于1998年。当时，全国人大教科文卫委员会在对云南、四川、贵州、重庆、广西等地的民间艺术之乡、传统工艺、民间艺术现状深入调研后，向文化部提出了研究起草民族民间传统文化保护法的建议。2002年8月，文化部经过反复论证研究，向全国人大教科文卫委员会报送了民族民间文化保护法的建议稿。2003年10月，联合国教科文组织通过了《保护非物质文化遗产公约》，

从此，非物质文化遗产这一概念逐渐取代民族民间文化的传统概念。2004年8月，全国人大常务委员会批准加入了《保护非物质文化遗产公约》。为了更好地与国际公约接轨，全国人大教科文卫委员会成立民族民间传统文化保护立法专门小组，由文化部牵头，组织有关方面的力量，在总结实践经验、广泛调查研究的基础上，起草了《中华人民共和国非物质文化遗产保护法(草案送审稿)》，并于2006年9月报请国务院审议。2010年6月，讨论通过了《中华人民共和国非物质文化遗产法(草案)》，并提请全国人大常务委员会审议。2011年2月25日，十一届全国人大常委会第十九次会议表决通过了《中华人民共和国非物质文化遗产法》（简称《非遗法》）自2011年6月1日起施行。

（二）《非遗法》中非遗的明确界定与范围

《非遗法》明确界定了非遗的含义，指出非遗是指各族人民世代相传，并视为其文化遗产组成部分的各种传统文化表现形式，以及与传统文化表现形式相关的实物和场所。这一定义强调了非遗的传承性、活态性和整体性。

同时，《非遗法》所称的"非物质文化遗产"，是指各族人民世代相传并视为其文化遗产组成部分的各种传统文化表现形式，以及与传统文化表现形式相关的实物和场所，包括传统口头文学以及作为其载体的语言，传统美术、书法、音乐、舞蹈、戏剧、曲艺和杂技，传统技艺、医药和历法，传统礼仪、节庆等民俗，传统体育和游艺，其他非物质文化遗产。

此外，《非遗法》还明确了非遗保护工作的重点，包括加强非遗的调查、认定、记录、建档和传承工作，推动非遗与旅游、教育等产业的融合发展，提高非遗的可见度和影响力等。

（三）《非遗法》与非遗保护实践的关系

《非遗法》的出台为非遗保护实践提供了坚实的法律保障。它不仅为非遗保护工作的顺利开展提供了法律依据，还为各级政府和相关部门制定非遗保护政策提供了指导。

在实践中，《非遗法》推动了非遗保护工作的规范化、制度化和科学化。各级政府和相关部门依据《非遗法》的要求，制定了一系列非遗保护的具体措施和办法，如建立非遗名录制度，设立非遗保护专项资金，加强非遗传承人的培养和管理等。

《非遗法》促进了非遗保护的社会参与和公众意识的提高。通过广泛宣传《非遗法》和非遗保护知识，增强了公众对非遗的认识和尊重，营造了良好的非遗保护氛围。它的出台和实施对于推动我国非遗保护事业的发展具有重要意义，为我国非遗的传承和发展提供了有力的法律保障和支持。

三、非物质文化遗产的分类标准

（一）国际通用的非遗分类标准

在国际层面，联合国教科文组织对于非遗的分类提供了一个基础的框架，该框架主要基于非遗的表现形式、传承方式以及在社会生活中的作用。一般来说，国际通用的非遗分类标准主要包括以下几大类：

口头传统和表现形式：包括民间故事、歌谣、谚语等口头表达的传统文化。

社会实践、节庆活动：如婚丧嫁娶仪式、传统节庆活动等，这些活动在特定时间和地点进行，是社区成员共享的文化经验。

有关自然界和宇宙的知识和实践：涉及传统医学、天文、农业等方面的知识与实践，反映了人类与自然环境的互动关系。

传统手工艺技能：涵盖各种传统工艺和制作技术，如陶艺、刺绣、编织等，这些技能代代相传，是文化多样性的重要体现。

这些分类标准不仅有助于我们系统地认识和了解非遗，也为各国在非遗保护和传承工作中提供了统一的参考依据。

（二）中国非遗的分类标准

在中国，非遗的分类体系既借鉴了国际通行标准，又充分考虑了本国的文化特色和历史传统。中国的非遗分类更加细致具体，体现了深厚的文化底蕴和丰富的民族特色。

早期的非遗分类主要侧重于传统手工艺技能和民间表演艺术，如剪纸、泥塑、京剧等。随着非遗保护工作的深入，分类体系逐渐完善，涵盖了更广泛的领域，包括传统医药、民俗活动、民间信仰等。

此外，中国的非遗分类还注重地域性和民族性。不同地区和不同民族的非遗项目有其独特的表现形式和传承方式，因此在分类时需要充分考虑这些因素。例如，藏族的唐卡艺术、维吾尔族的舞蹈和音乐等，都是具有鲜明民族特色的非遗项目。

近年来，随着非遗保护工作的不断推进，中国的非遗分类体系也在不断完善和更新。一些新兴的非遗项目，如数字非遗、网络非遗等也逐渐纳入分类体系之中。

（三）各类非遗项目的代表性案例

在各类非遗项目中，都有许多具有代表性的案例：

中国的《格萨尔》史诗：一部藏族英雄史诗，通过口耳相传的方式流传至今，是藏族文化的重要组成部分。

平遥推光漆器：山西省平遥县的一种传统手工艺技能，以其精湛的工艺和独特的艺术风格闻名于世。平遥推光漆器在守正传统技艺的同时不断创新，通过多方联动实现了高质量和高品位的弘扬、传承和发展。近年来，平遥县政府出台了一系列政策举措，如举办漆文化艺术节等，进一步推动了平遥推光漆器产业的发展。此非遗项目不仅展现了传统漆艺的魅力，也为当地经济发展注入了新的活力。

忻州古琴：山西省忻州市的一种传统表演艺术，依托非遗传承人杜威创建的静乐县承弦堂古琴工作室得到保护和传承。通过挖掘、抢救、保护、传承等措施，不仅出版了忻州古琴相关书籍，还搭建了工坊就业平台，创建了漆树园基地，拓展了古琴的传承保护和市场运作。此外，通过组织参加展演比赛、宣传培训活动等方式，丰富了忻州古琴"非遗+"活态传承发展模式，让更多人了解和欣赏到这一古老而优雅的艺术形式。

这三个案例代表了口头传统和表现形式、传统手工艺技能和传统表演艺术三个非遗类别。在社会实践、节庆活动方面，春节、中秋节等传统节庆活动是中国人共享的文化盛宴，它们承载着丰富的文化内涵和情感价值。在有关自然界和宇宙的知识和实践方面，中医针灸作为中国古老的治疗方法，以其独特的理论和实践经验在世界范围内享有盛誉。在传统手工艺技能方面，景德镇陶瓷制作技艺以其精湛的工艺和独特的艺术风格闻名于世。它们通过不断的创新和发展，成功地将传统文化与现代生活相结合，为非遗的传承和保护树立了典范。同时，这些案例也展示了非遗项目在当代社会中的价值和意义，它们不仅丰富了人们的精神文化生活，为经济发展和文化交流做出了积极贡献，也为我们深入了解和保护非遗提供了宝贵的资源和经验。通过对这些案例的研究和分析，我们可以更好地认识到非遗的价值和意义，推动非遗在当代社会中的传承和发展。

四、非物质文化遗产与其他文化形式的关系

（一）非遗与物质文化遗产的联系与区别

非物质文化遗产与物质文化遗产是人类文化遗产的两大重要组成部分，它们之间存在着紧密的联系。

非物质文化遗产与物质文化遗产都是人类历史和文化发展的产物，它们共同构成了丰富多彩的文化遗产体系。物质文化遗产以其可见、可触的形态，成为文化遗存的

重要部分，为非物质文化遗产提供了传承和展示的物质载体。例如，故宫作为中国古代建筑的杰出代表，不仅建筑本身承载着丰富的历史信息，而且其内部收藏的文物也为各种传统手工艺技能提供了展示的平台。再如，秦始皇兵马俑不仅展示了秦代雕塑艺术的精湛技艺，也反映了当时的军事、服饰等多方面的文化特征，成为研究古代社会的重要物质基础。

在物质文化遗产中，例如长城，作为古代中国的军事防御工程，其宏伟的规模和坚固的结构见证了中国古代劳动人民的智慧和力量，同时也是中华民族精神的象征。长城的存在，不仅为研究古代军事防御体系提供了实物参考，也为传承与之相关的民间传说、歌谣等非物质文化遗产提供了背景；又如敦煌莫高窟中的壁画和雕塑，不仅展现了佛教艺术的辉煌，也记录了丝绸之路上的文化交流。这些壁画和雕塑作为物质文化遗产，为研究古代宗教信仰、艺术风格和社会生活提供了珍贵的实物资料，同时也为传承与之相关的口头传说、民间故事等非物质文化遗产提供了视觉和想象的空间。

两者在表现形式和内涵上存在着显著的区别。非物质文化遗产是以人为本的活态文化遗产，强调的是以人为载体的知识、技能和精神的传承。它注重的是人的创造力、想象力和精神价值，如传统表演艺术、社会实践、节庆活动等。而物质文化遗产则更注重物质形态和历史价值，它们是人类过去生活的直接见证，具有不可再生性。非物质文化遗产与物质文化遗产在保护方式上也存在差异。物质文化遗产的保护主要侧重于修缮、保存和展示，而非遗的保护则需要通过传承人的培养、教育推广和社区参与等多种方式进行。通过这些具体实例，我们可以看到物质文化遗产与非物质文化遗产之间的紧密联系。物质文化遗产不仅是非遗项目传承和发展的物理基础，也是非遗文化多样性和丰富性的重要体现。保护和利用好这些物质文化遗产，对于维护文化遗产体系的完整性和连续性具有重要意义。

（二）非遗与传统习俗、宗教信仰的相互影响

非遗与传统习俗、宗教信仰之间存在着相互影响的关系。传统习俗和宗教信仰是非遗产生和发展的重要土壤，它们为非遗提供了丰富的文化内涵和表现形式。同时，非遗也在不断地丰富和发展着传统习俗和宗教信仰。

一方面，传统习俗和宗教信仰与非遗息息相关。许多非遗项目都源于特定的习俗和信仰活动，如节庆仪式、祭祀活动等。这些活动不仅丰富了非遗的内容和形式，也为其传承和发展提供了重要的社会和文化环境。

另一方面，非遗也在不断地影响和塑造着传统习俗和宗教信仰。通过非遗的传承

和发展，一些传统的习俗和信仰得以延续和更新，同时也为现代社会提供了新的文化资源和价值。例如，一些传统的节庆活动通过非遗的传承和推广，逐渐成为地方的文化品牌和旅游资源，为当地的经济社会发展注入了新的活力。

（三）非遗在当代文化生活中的地位与作用

非遗在当代文化生活中具有不可替代的地位和作用。应该加强对非遗的保护和传承工作，推动其在当代社会中的创新与发展。

首先，非遗是传承历史文化、弘扬民族精神的重要载体。通过非遗的传承和发展，人们可以了解和体验祖先的智慧和创造力，增强民族自豪感和文化认同感。同时，非遗也蕴含着丰富的道德伦理和价值取向，对于培养人们的道德情操和社会责任感具有重要意义。

其次，非遗是推动文化创新和文化多样性的重要资源。非遗项目通常具有独特的艺术风格和表现形式，为当代文化创作提供了丰富的灵感和素材。同时，非遗的传承和发展也有助于促进不同文化之间的交流和融合，推动文化多样性的发展。

再次，非遗在当代社会经济发展中也具有重要的作用。通过非遗的旅游开发、文化创意产品开发等方式，可以创造经济价值和就业机会，促进地方社会经济的发展。同时，非遗的传承和发展也有助于提升地方的文化软实力和竞争力。

五、非物质文化遗产的当代价值

（一）文化传承与弘扬民族精神

非物质文化遗产作为历史文化的活态传承，是连接过去与未来的桥梁，对于文化传承和弘扬民族精神具有不可替代的价值。

非遗是民族文化的基因库，蕴含着丰富的历史信息和深厚的文化内涵。通过传承和发展非遗项目，可以保持民族文化的连续性，让后代能够继续感受到民族文化的独特魅力。同时，非遗的传承也是弘扬民族精神的重要途径。许多非遗项目都蕴含着勤劳、智慧、勇敢等民族精神，通过学习和传承这些非遗项目，可以增强民族自豪感和文化自信心。

非遗的传承还有助于推动文化创新。在传承非遗的过程中，可以结合现代审美和市场需求，对非遗项目进行设计和创新，使其更加符合当代社会的审美需求。这种创新不仅有助于非遗的传承和发展，也为当代文化创作提供了大量的素材。

（二）社会和谐与人文交流

非遗项目通常具有浓郁的地方特色和民族风情，通过参与非遗活动，人们可以深入了解不同地区的传统文化和习俗，从而增进对多元文化的认识和尊重。同时，非遗活动也为人们提供了一个交流和互动的平台，有助于拉近人与人之间的距离，促进社会和谐。

非遗在国际文化交流中也发挥着重要作用。通过展示和推广非遗项目，可以向国际社会展示本民族的文化魅力和创造力，增强国际社会对我国的了解和认同。同时，也可以借鉴其他国家的非遗保护经验，推动非遗保护的国际合作和交流。

（三）经济开发与可持续发展

非物质文化遗产不仅具有深厚的文化内涵，还蕴含着巨大的经济价值和可持续发展潜力。

首先，将非遗项目作为旅游资源进行开发，吸引游客前来参观和体验。通过"非遗+旅游"，可以为当地创造就业机会和增加经济收入，促进地方经济的发展。同时，"非遗+旅游"也有助于提升当地的文化软实力和知名度，为地方文化的传播和推广做出贡献。

其次，将非遗项目作为文化创意产业的素材和灵感来源。通过挖掘非遗项目的文化内涵和艺术价值，可以开发出具有独特风格和民族特色的文化创意产品，满足消费者的多元化需求。这种开发不仅有助于非遗的传承和发展，也为文化创意产业提供了新的发展动力和空间。

再次，非遗的保护和传承也有助于推动生态环境的保护和可持续发展。许多非遗项目都与自然环境密切相关，如传统手工艺技能、农业技术等。通过保护和传承这些非遗项目，可以促进生态环境的保护和可持续利用，实现经济、社会和环境的协调发展。

第二节 非物质文化遗产的分类

在人类文明的历史长河中，非物质文化遗产以其独特的魅力和价值，成为我们共同的精神财富。这些无形的文化瑰宝，凝结了世世代代人们的智慧与情感，传承着民族文化的精髓和灵魂。从事非物质文化遗产的保护与传承工作，无疑是一项既富有挑战性又充满深远意义的事业。这项工作不仅要求我们具备深厚的理论素养，对非物质文化遗产的内涵、外延和价值有深入的认知，更要求在实际工作中积累经验，将理论知识转化为实际行动。

事实上，我国在非物质文化遗产的保护工作上已经取得了不小的进展。国内外制定的各类公约、政策、法规，都充分吸收了学术界的研究成果，将这些理论认识转化为切实可行的操作指南。这些公约、政策和法规在实践中得到了检验，证明其基本上是可行的。但这一切都离不开对实际工作经验的总结与提炼。因此，在理解非物质文化遗产这一概念时，我们既要重视学术界的声音，也要重视实践中的具体案例，还要仔细研读相关公约、政策和法规。理论与实践、学术探讨与政策之间，在理解非物质文化遗产这一概念时，既有相互契合之处，也存在分歧和差异。这就要求我们在工作中，既要坚持理论的指导，又要结合实际情况灵活应变。

因此，在非物质文化遗产的普查和保护工作中，不必过于拘泥于某些定义的字面意义，而是要注重实际效果，注重在实践中不断总结经验，丰富和完善认知。只有这样，才能更好地推动非物质文化遗产的保护与传承工作，让这些珍贵的文化遗产得以延续，为后人留下宝贵的财富。

基于这样的考虑，我们在理解非物质文化遗产这一概念时，不仅要结合中国的实际情况，还要充分借鉴国内外有关非物质文化遗产的重要文件。通过深入研究这些文件，我们可以更好地理解非物质文化遗产的内涵和价值，为保护工作提供更加坚实的理论支撑。同时，我们也要认识到，非物质文化遗产的保护与传承是一项长期而艰巨的任务，需要我们不断学习、不断探索、不断创新。只有这样，我们才能更好地肩负起这一历史使命，为中华民族的文化传承和发展贡献自己的力量。

联合国教科文组织在《保护非物质文化遗产公约》中，为非物质文化遗产这一概念赋予了明确而丰富的内涵。它指出，非物质文化遗产并非抽象或遥不可及的存在，而是深深扎根于各个社区、群体，乃至个人的日常生活之中。它包含了各种社会实践、观念表述、表现形式、知识、技能，以及与之紧密相关的工具、手工艺品和文化场所。这些元素共同构成了各社区和群体的文化遗产，成为他们身份认同的重要组成部分。

非物质文化遗产并非一成不变，而是随着世代的传承，在不断适应周围环境以及与自然和历史的互动中，被持续地再创造和更新。这一过程不仅保证了非物质文化遗产的活力和生命力，也使其能够适应时代的变化，继续为社区和群体提供持续的认同感。更重要的是，非物质文化遗产的存在和传承，不仅有助于维护文化多样性，更是对人类创造力的一种尊重和肯定。它体现了人类智慧的结晶，是各民族、各群体在长期历史发展过程中形成的独特文化表达。在公约中，"只考虑符合现有的国际人权文件，各社区、群体和个人之间相互尊重的需要和顺应可持续发展的非物质文化遗产"。非物质文化遗产所涵盖的内容包括："一、口头传统和表现形式，包括作为非物质文化遗产媒介的语言；二、表演艺术；三、社会实践、礼仪、节庆活动；四、有关自然界和宇宙的知识和实践；五、传统手工艺。"该公约还进一步阐明了"保护"的具体内容，即"确保非物质文化遗产生命力的各种措施，包括这种遗产各个方面的确认、立档、研究、保存、保护、宣传、弘扬、传承（特别是通过正规和非正规教育）和振兴"。

国务院办公厅2005年3月26日发布的《国家级非物质文化遗产代表作申报评定暂行办法》（国办发〔2005〕18号）中第二条明确把非物质文化遗产分为两类：①传统的文化表现形式，如民俗活动、表演艺术、传统知识和技能等；②文化空间，即定期举行传统文化活动或集中展现传统文化表现形式的场所，兼具空间性和时间性。非物质文化遗产的范围包括：

（1）口头传统，包括作为文化载体的语言；

（2）传统表演艺术；

（3）民俗活动、礼仪、节庆；

（4）有关自然界和宇宙的民间传统知识和实践；

（5）传统手工艺技能；

（6）与上述表现形式相关的文化空间。

具体来说，非物质文化遗产的涵盖范围相当广泛。它包括：口头传统，如诗歌、史诗、神话、民间传说等，这些口头表述不仅仅是语言的艺术，更是文化的传承；传统表演艺术，如戏剧、音乐、舞蹈、曲艺等，这些艺术形式通过表演者的精湛技艺，让传统文化焕发出新的生机；风俗活动、礼仪、节庆等，它们在日常生活中扮演着重要角色，是民族文化的生动体现；有关自然界和宇宙的民间传统知识和实践，以及传统手工艺技能等。

《非遗法》作为国家层面的基本法律，对非物质文化遗产的定义和保护范围进行了明确界定。这一法律以联合国教科文组织的《保护非物质文化遗产公约》为基础，充分吸收其精神内核，并结合我国的实际情况，制定出了符合我国国情的保护策略。本法所称非物质文化遗产，是指各族人民世代相传并视为其文化遗产组成部分的各种传统文化表现形式，以及与传统文化表现形式相关的实物和场所。包括：

（1）传统口头文学以及作为其载体的语言；

（2）传统美术、书法、音乐、舞蹈、戏剧、曲艺和杂技；

（3）传统技艺、医药和历法；

（4）传统礼仪、节庆等民俗；

（5）传统体育和游艺；

（6）其他非物质文化遗产。

这既体现了我国对国际公约的尊重和认同，也展示了我国在非物质文化遗产保护方面的积极态度和坚定决心。

学术界在探讨非物质文化遗产时，也大多以《保护非物质文化遗产公约》为理论基础，充分尊重并借鉴其论述。这种共识不仅体现在理论层面，更在实践中得到了体现。我国在制定非物质文化遗产保护政策时，充分考虑了我国的文化特色和现状，力求在保护传统文化的同时，推动其与现代社会的融合发展。

本书在界定非物质文化遗产范围时，也充分借鉴了国际公约和国内法律的相关规定，并结合我国的实际情况进行了适当调整。我们认为，非物质文化遗产的范围应该既体现其普遍性，又突出其特殊性，充分展示我国丰富多彩的文化传统和民族特色。因此，在界定范围时，我们注重从实际出发，充分考虑各种文化表现形式的特点和价值，力求做到既全面又准确。

我们认为，非物质文化遗产的范围应该包括以下几类。

（一）口头表述及其语言载体

各种口头表述包括对群体有意义的诗歌、史诗、神话、民间传说，也包括作为其载体的语言。这些口头表述不仅仅是简单的言语，更是承载着群体记忆与智慧的宝贵财富。它们通过世代的口耳相传，得以流传至今，成为我们了解历史、认识文化的重要途径。

（二）传统表演艺术

传统表演艺术包括中国戏曲、木偶戏、皮影戏、杂技表演、中国民乐、中国曲艺以及少数民族舞蹈和戏剧等等。这些表演艺术中的精品凝聚了民族的智慧与创造力，通过独特的表演方式和精湛的技艺，展示了民族文化的独特魅力。鲁迅先生曾说："人类最好是彼此不隔膜，相关心。然而最平直的道路，却只有用文艺来沟通。"优秀的艺术都是人类共同的精神财富。

（三）社会风俗、礼仪、节庆庆典

它们包括重要的节庆、游戏、游艺、运动和重要集会等活动，以及日常生活中的居住、饮食、人生仪礼等习俗。这些风俗、礼仪和庆典活动不仅丰富了人们的生活，也增强了民族的凝聚力和向心力。

（四）有关自然界和宇宙的知识与实践

它们包括时空观念、宇宙观，对宇宙与宗教的信仰，巫术，图腾崇拜，计数和算术的方法，历法纪年知识，以及关于天文、气象、海洋、火山、气候、农耕等方面的知识和对策。有关自然界和宇宙的知识与实践是非物质文化遗产的重要组成部分，涵盖了人类在长期与自然界互动过程中积累的丰富知识和经验。这些知识与实践不仅反映了人类对自然界的观察和理解，还体现了人类在适应和利用自然资源方面的智慧。

（五）传统的手工艺技能

传统手工艺技能涵盖了众多领域，包括传统美术工艺（如绘画、书法、雕塑、刺绣、编织等）、传统工艺制作（如陶瓷、金属工艺、漆器、木工艺等）、传统建筑工艺（如砖雕、木雕、古建筑营造等）、传统医药工艺（如中药炮制、针灸等）、传统食品制作（如酿酒、糕点制作等）、传统乐器制作（如弦乐器、管乐器等）以及传统服饰制作（如裁缝技艺、刺绣装饰等）。这些技艺以手工劳动为基础，使用天然材料，通过精湛的工艺技法制作出具有实用性和艺术性的物品，不仅展现了劳动人民的智慧和创造力，还承载着丰富的文化内涵和历史记忆，是中华民族传统文化的重要组成部分，需要我们共同传承和保护。

（六）与上述表现形式相关的文化空间

文化空间是文化遗产的载体，也是文化传承的重要场所，是指定期举行或集中展现传统文化活动的特定场所，如传统节日庆典场地、庙会、祭祀场所、民间集市、歌舞表演场地、古村落等。这些空间是文化传承和展示的重要载体，体现了文化的时空结合与生态性。

它们为非物质文化遗产的传承与发展提供了土壤和养分，使其得以生生不息、历久弥新。例如，侗族唱大歌的鼓楼就是具有代表性的文化空间。这些文化空间不仅是文化活动的场所，更是文化传承和发展的载体，它们完整地、综合地、真实地、生态地、生活地呈现了非物质文化遗产。

上述对非物质文化遗产的理解，主要依据联合国教科文组织的阐释，并结合我国非物质文化遗产的呈现形态、保护实践和法规而加以概括。相信随着保护工作的深入，其范围将会不断得到丰富和深化，也更具对保护实践的指导意义。我们应该加强对非物质文化遗产的保护和传承，让这些宝贵的文化遗产得以生生不息、历久弥新。

第三节　非物质文化遗产的特征

中国非物质文化遗产项目众多，宝贵的遗产不仅仅是历史的见证，更是民族文化、传统和智慧的载体。它们承载着我国独特的民族风情和传统的艺术魅力，是中华文化的重要组成部分。如今，保护和传承非遗项目是我们义不容辞的责任和使命。通过了解和学习非遗项目，我们可以更好地认识和了解中国的历史和文化，深入挖掘民族文化的精髓和价值。同时，我们也可以为非遗的未来发展和传承提供更加坚实的基础，让宝贵的文化遗产得以延续和发展。

（一）历史悠久，文化底蕴深厚

潘鲁生先生在尼山世界艺术论坛接受"新黄河"采访时说："中华民族五千多年的文明史，留下来的音乐、舞蹈、戏曲、美术，或者其他艺术样式和文明符号，都应该发扬光大。"作为国家首批非物质文化遗产的陕西秦腔、皮影戏，四川川剧、变脸等，都具有悠久的历史和深厚的文化底蕴。

陕西秦腔（图1-1）的表演技艺朴实、粗犷、

▲ 图1-1　陕西秦腔（陕西省戏曲研究院　供图）

豪放，富有夸张性，生活气息浓厚，技巧丰富。其口音以宝鸡的西府秦腔最为古老。2006年5月20日，经国务院批准，秦腔被列入第一批国家级非物质文化遗产名录。

（二）民族特色鲜明

党的十八大以来，习近平总书记从我国的国情出发，多次强调"中华民族共同体"及其构建，其中多次提及中华传统文化。中华民族共同体，蕴含着优秀的传统文化，凝聚着中华民族的古老智慧。

我国作为统一的多民族国家，各民族都有着悠久的历史和灿烂的文化。各美其美，美人之美，在长期的交流互鉴中，民族文化彼此交融，共同创造了绚丽的中华文化。非遗项目具有鲜明的民族特色，如苗族的苗绣、侗族的大歌、彝族的火把节等，都是其民族文化的独特体现。

苗绣（图1-2）是苗族民间传承的刺绣技艺，主要流传于贵州省的贵阳市、雷山县、剑河县等地。苗绣以其精美的构图、夸张的造型、独特的用色和丰富的文化内涵而闻名。几乎每一个刺绣图案纹样都有相关来历或传说，都蕴含民族的文化，都是民族情感的表达，是苗族历史与生活的展示。在技法上，苗绣有挑花、刺绣、织锦等多种形式，其图案以动植物

▲ 图1-2　苗绣（来源：王的手创）

为主，线条流畅，造型生动，具有独特的民族风格。在色彩运用上，苗绣以红色、黄色、蓝色等纯色为主，注重对比和层次感，给人以明快、鲜艳的感觉。苗绣不仅是一种传统的工艺品，更是一种文化的载体。它承载了苗族的历史、文化和传统，反映了苗族人民的生活态度和审美观念。

（三）技艺精湛，制作独特

传统技艺作为非物质文化遗产的重要组成部分，不仅体现了中华民族的文明与智慧，还展示了中华民族的创造力和生命力。传承古老技艺，有利于传承中华血脉，有利于增强中华民族的凝聚力和向心力，有利于提高国家文化软实力。例如，陕西的凤翔泥塑、贵州的苗族银饰、云南的傣族竹编等，其制作技艺精湛，工艺独特，是民族工艺的瑰宝。陕西的凤翔泥塑（图1-3），又被称为"泥货"，是陕西省凤翔县的一种民间美术。其历史可以追溯到周秦时期，盛行于唐代，经明代的发展，民间艺人的不断探索和创新，凤翔泥塑成为融周秦文化、汉唐文化、南方文化等诸多文化为一体的民间艺术形态。凤翔泥塑的制作过程十分复杂，需要经过选土、制模、彩绘、装色等工序。其造型优美、生动逼真，

▲ 图1-3　凤翔泥塑（作者　摄）

具有浓厚的乡土气息。其中最经典的就是坐虎和挂虎。在色彩上，凤翔泥塑以大红大绿的鲜艳色彩为主，注重对比和视觉冲击力，给人以热烈、喜庆的感觉。凤翔泥塑的类型多样，有民俗民风用品、泥玩具、立人、挂片和立体摆件等五种类型。其中，民俗民风用品和泥玩具是最受欢迎的品种。通过吉祥图案来表达"年年有余""福禄寿喜"等寓意，寄托着人们对美好生活的向往和追求。

（四）内涵丰富，表现形式多样

非遗项目不仅具有深厚的历史文化内涵，而且表现形式生动多样，富有地方特色。例如，陕北的民歌（图1-4）、云南的孔雀舞、新疆的木卡姆等。陕北民歌是主要流传在陕西省北部黄土高原上的传统音乐，是国家级非物质文化遗产之一。陕北民歌主要包括信天游、山曲、爬山调、船工号子、大秧歌调、旱船曲、酒曲、二人台、榆林小曲、清涧道情、传统小调及众多风俗歌曲等共27 000余首，其中代表性曲目有《东方红》

▼ 图1-4　陕北民歌（来源：吾馨"AI生成"）

《三十里铺》等。陕北民歌具有较高的艺术价值和文化价值，其歌词内容丰富，涉及劳动、爱情、历史传说等多种题材。其曲调高亢嘹亮，有着独特的韵味和节奏感。同时，陕北民歌也承载着陕北地区的历史和文化信息，是当地人民生活和情感的反映。其历史形成时间较早，如民歌信天游即产生于周代中期，至汉代稳定成形。在现代社会，随着传统文化的逐渐消失，陕北民歌也面临着传承和发展的挑战。然而，通过政府的支持和民间组织的努力，陕北民歌的保护和传承工作正在逐步推进。

（五）与生活紧密相连，实用性强

"艺术源于生活"是俄国文艺理论家尼古拉·加夫里诺维奇·车尔尼雪夫斯基说的。他指出，没有生活原型或者现象就没有艺术创作的源头和灵感，生活中的所有点滴小事都可以是艺术素材的提供者和原型。通过艺术手段的加工，精练语言的描述，加上对故事情节的渲染，小事会变得生动而耐人寻味。

傣族织锦（图1-5），是流传在傣族民间的一种古老的手工纺织工艺品，具有浓郁的少数民族特色。主要产地分布于傣族世居的云南德宏、西双版纳、耿马、孟连等地的河谷平坝地区，以及景谷、景东、元江、金平等县和金沙江流域。傣锦的图案丰富多彩，常见的有动物、植物、人物等纹样。其图案的设计是通过熟练的纺织技巧创造出来的，多是单色面，用纬线起花，对花纹的组织十分严谨。傣族织锦技艺是云南省西双版纳傣族自治州地方传统手工织锦技艺之一。2008年6月7日，傣族织锦技艺经国务院批准入选第二批国家级非物质文化遗产名录。

总体来说，非遗的特

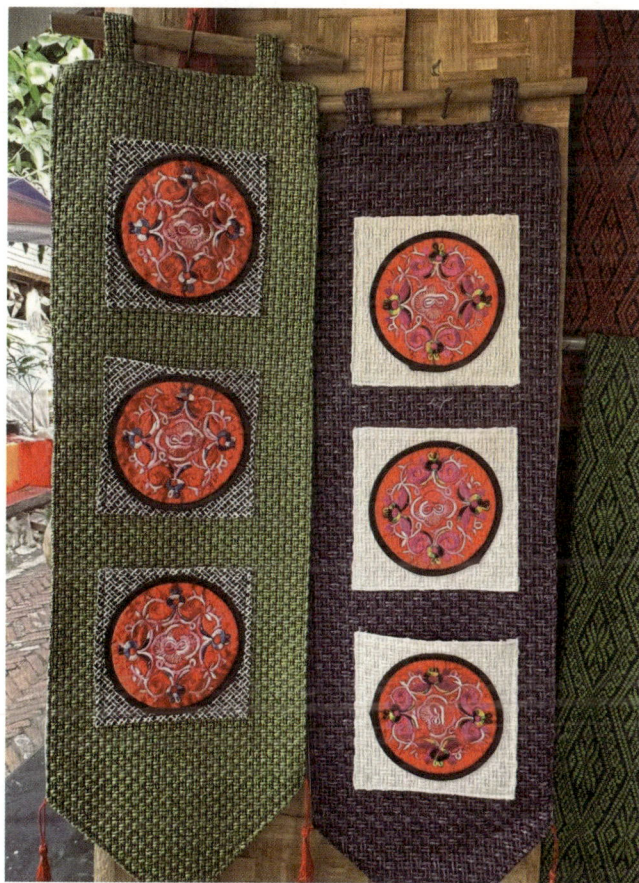

▲ 图1-5　傣族织锦（作者　摄）

征主要体现在深厚的文化底蕴、鲜明的民族特色、精湛的技艺、丰富的内涵和突出的艺术表现力等方面。非遗项目不仅是西部地区的宝贵财富，也是全人类的文化遗产。

第四节　非物质文化遗产的田野调查

一、田野调查的流程与方式

田野调查是非遗保护与研究中的重要方法，它要求研究者亲自深入非遗所在的社区或地区，通过长时间的居住、观察、访谈等方式，全面、深入地了解非遗项目的实际情况，从而为其保护、传承与发展提供科学依据。

（一）调查准备与策划

非遗田野调查之前，研究者需要明确调查的目标和主题，确定要调查的非遗项目及其相关的社区、传承人等信息。同时，还需了解当地的地理、历史、文化等背景，以便更好地融入当地社会，获取真实有效的信息。

准备阶段，研究者需要组建专业的调查团队，包括非遗研究专家、人类学家、民俗学家等相关领域的学者。此外，还需准备必要的调查工具，如录音设备、摄像设备、访谈提纲等，以确保调查的顺利进行。

（二）现场观察与记录

进入非遗所在的社区后，研究者需要运用多种观察方法，如直接观察、参与观察等，全面了解非遗项目的制作过程、传承方式、表演形式等。同时，还需与传承人、社区成员等进行深度访谈，了解他们的生活方式、思想观念、价值取向等，以揭示非遗项目背后的文化内涵和社会价值。

观察与访谈过程中，研究者需要保持客观、中立的态度，避免主观臆断和偏见。同时，还需注重细节和关键信息的记录，以便后续的分析和解读。

（三）数据整理与分析

采集到大量的田野数据后，研究者需要对这些数据进行整理和分析。包括将录音、录像资料转化为文字资料，对数据进行分类、编码和统计，以及运用相关的理论和方法对数据进行深入的解读。

数据分析过程中，研究者需要关注非遗项目的历史渊源、传承脉络、文化内涵等方面，揭示其独特性和价值所在。同时，还需探讨非遗项目在当代社会中的生存状况和发展趋势，提出针对性的保护和发展建议。

二、田野调查与设计的关系

田野调查与设计在非遗保护领域中存在密切的关系。设计作为一种创造性的活动，可以为非遗的保护与传承提供新的思路和方法。

（一）调查对设计的指导作用

首先，田野调查为设计提供了丰富的素材和灵感。通过深入了解非遗项目的制作过程、表演形式、文化内涵等方面，设计师可以从中汲取灵感，设计出具有非遗特色的产品。

其次，田野调查有助于设计师把握非遗项目的核心价值和精神内涵。设计师可以通过与传承人、社区成员的交流，了解他们对非遗项目的理解和情感认同，从而在设计中更好地体现非遗的精神风貌和文化特色。

此外，田野调查还可以为设计师提供用户需求和市场趋势的信息。通过观察非遗在当代社会中的生存状况和发展趋势，设计师可以了解用户对非遗产品的需求和期望，从而设计出更符合市场需求的产品。

（二）设计在调查中的应用与体现

田野调查过程中，设计师可以运用专业技能和方法，为非遗的保护与传承提供设计方案或建议。例如，色如"雨过天青"的北宋汝瓷，创造了独特的美学范式。在当代，复兴中的汝州窑在年轻一代传承人手中不断创作出融入现代生活的精雅新品。新生代传承人王振宇设计制作的"汝州八景"套装，通过可观可饮的汝瓷茶具唤醒地方文化记忆——茶壶代表望嵩楼，茶海象征风穴寺，八只茶杯分别对应曾经的"汝州八景"；设计师费博的"呼吸"系列漆首饰，创作灵感源于银杏叶片的自然形态，采用大漆脱胎工艺制作而成。"丝叶"系列漆首饰一改工业化标准造型，以充满野趣的葫芦为胎体，随形切割出不同弧度，为形态各异的发饰注入"道法自然"的气息。

田野调查中，设计师们通过亲身参与非遗产品的设计与开发，成功地将非遗元素与现代设计理念相结合，使非遗产品不仅保留了传统文化的韵味，同时也增添了现代感和实用性。此外，他们还积极策划设计展览和文化活动，以直观、生动的方式向公众展示非遗的魅力和价值，显著提高了公众对非遗的认知度和保护意识。

这些实例充分证明了田野调查与设计在非遗保护领域中是如何相互促进、相互补充的。田野调查不仅为设计师们提供了丰富的创作素材和灵感，同时也指导他们创作出更具非遗特色的作品。而设计师们的专业技能和创新思维，则为非遗的保护与传承注入了新的活力，共同推动了非遗保护事业的发展。

第二章

❦

西部非物质文化遗产概说

　　中国西部地区历史悠久，物产丰富，文化底蕴深厚，是我国非物质文化遗产的摇篮。中国西部地区的非物质文化遗产（简称"西部非遗"）涵盖音乐、舞蹈、戏剧、曲艺等表演艺术，也涉及传统手工艺技能、民间知识和实践、传统节日庆典等各个方面。它们是西部地区各族人民世代相传的宝贵财富，也是中华文明多元一体格局的重要体现。

　　西部非遗的传承与创新设计有着密切关系。设计在文化传播方式的创新、文化体验形式创新以及文化产品形式创新等领域发挥着重要作用。设计领域的发展离不开设计师的创新思维，创新思维并非凭空出现，而是需要不断发掘和寻找大量的素材来激发设计师的灵感。西部非遗拥有与众不同的艺术特点和文化气息，对于设计而言，它会给整个设计领域注入新的灵魂。因此，非遗文化元素如何与设计相结合是设计师需要研究的重要课题，通过相关实践案例分析，为之后的设计思路提供更多灵感。

第一节　西部非遗的概念与分类

一、西部非物质文化遗产的概念

　　西部非遗是指中国西部地区所拥有的非物质文化遗产。这些非遗项目具有浓厚的地域和民族特色，反映了西部地区独特的自然环境、历史背景和文化传统。在历史长河中，西部非遗经历了不同的发展阶段。从地理角度看，中国西部由四川省、陕西省、云南省、贵州省、西藏自治区、重庆市、内蒙古自治区、甘肃省、青海省、新疆维吾尔自治区、宁夏回族自治区、广西壮族自治区12个省、自治区、直辖市组成。从经济角度看，西部又包括湖北省的恩施土家族苗族自治州和湖南省的湘西土家族苗族自治州2个自治州。

随着西部大开发政策的提出，这个概念渐渐明晰。按西部大开发计划既定以及国务院西部地区开发领导小组协调，将以上地区均合并为西部地区范围。

中国西部拥有美丽壮阔的风景，同时也孕育出丰富的历史文化和当地民俗特色，这些特色文化共同构成中国西部乃至全中国的文化基因谱系图。

二、西部非物质文化遗产分类

联合国教科文组织《保护非物质文化遗产公约》将非物质文化遗产分为口头传统和表现形式，表演艺术，社会实践、仪式和节庆活动，关于自然和宇宙的知识与实践，传统手工艺五大类。

（一）口头传统和表现形式

口头传统和表现形式是非物质文化遗产的重要组成部分。语言承载着一个民族的历史、文化和价值观。语言不仅是人们交流的工具，更是文化传承和表达的载体。通过语言，人们可以了解一个民族的传统、习俗、信仰和思维方式。在口头传统中，故事、传说、民歌、谚语、谜语等都是通过语言来传递的。这些传统以口口相传的方式世代传承，成为民族文化的重要组成部分。

陕北民歌（图2-1）作为一种具有浓郁地方色彩的民间音乐，流传于陕北及周边五省区。西部非遗中的陕北民歌与黄土高原的自然环境相融合，成为一种独特的地域文化。陕北民歌源于陕北人民的生产生活实践，是当地人民情感的表达和心声的抒发。作为游牧文化与农耕文化长期融合的产物，陕北民歌的形式形成较早，因陕北地处我国内陆，受现代工业文明影响较小，保留了许多旧时期的农业文明形态。陕北地处黄土高原，受地理位置及高原地貌影响，长期处于相对封闭的状态，受外来文化影响较小，使得这一古老的民歌较好地保持着陕北早期文化的许多特征。受地域文化、时代发展影响，其内容多以反映反抗压迫、争取自由、宣扬爱情和婚姻为主，如人们熟知的《兰花花》《走西口》《赶牲灵》等。歌词多以七、九、十字为基础采取分节形式，节奏自由，语言生动，旋律流畅悠长。可以预见，未来会有更多的陕北民歌爱好者加入，为陕北民歌注入新的血液和生命力，赋予新的时代意义。

（二）表演艺术

各类表演艺术是非物质文化遗产项目中最活跃、最具有视觉和听觉冲击力的形式，并以其独特的表现形式和艺术魅力，成为文化遗产中极具表现力的部分。表演艺术涵盖了音乐、舞蹈、戏剧、曲艺等多种形式，这些形式通过人的声音、肢体、表情等手段，将作品呈现给观众，传递情感、思想和文化内涵。

▲ 图2-1　陕北民歌（来源：吾馨"AI生成"）

在西部地区，表演艺术形式多样，因受地域特色文化影响，具有浓厚的地方特色。例如，在苗族地区，有苗族芦笙舞（图2-2）、龙舞等表演形式，它们具有独特的节奏感和动作，展示了苗族人民的生活习俗和民族性格。在蒙古族地区，有蒙古族长调、呼麦等音乐表演形式，这些音乐作品以其高亢、辽阔的音域和深沉的音色，展现了蒙古草原的壮丽和豪放的风貌。

▲ 图2-2　苗族芦笙舞（来源：小红书"Z先生的远方"）

表演艺术反映了不同民族、地区和时代的文化传统、社会风俗和人类情感，是历史的见证和文化的载体。通过表演艺术，我们可以更好地了解某民族的精神和文化世界，感受其独特的美感。各类表演艺术作为非物质文化遗产中极具表现力的部分，具有独特的价值和意义。

（三）社会实践、仪式和节庆活动

社会实践、仪式和节庆活动在社区和群体内部起到了重要的交流和聚集作用。这些活动通常与特定的文化背景、信仰、价值观和传统习俗相关联，是人们表达认同、维系社会关系以及传承文化的重要途径。

社会实践不仅体现了人类与自然环境的互动关系，也反映了不同民族和地区的生活方式和文化特征。通过社会实践，人们能够传递知识、技能和经验，同时也加强了彼此之间的合作与交流。仪式和节庆活动则是一种特殊的文化表现形式，它们通常与宗教信仰、历史事件或季节变化相关。这些活动不仅具有象征意义，还承载着丰富的文化内涵和社会价值。仪式和节庆活动通过特定的程序、道具、服饰和音乐等形式，展现了一个民族或地区的信仰、价值观和文化传统。

西部非遗中的鼓藏节（图2-3）是苗族最为隆重的祭祖仪式，每隔十三年举行一次，是苗族原始宗教信仰中重要的大型祭祀活动。在鼓藏节期间，苗族人民会进行一系列的仪式和活动，如杀猪祭祀、吹芦笙、跳舞等，以表达对

▶ 图2-3 苗族鼓藏节（周旺 摄）

祖先的敬仰和感恩之情。鼓藏节的仪式和活动不仅具有深厚的历史文化底蕴，也是苗族人民社会实践的重要组成部分。通过这些实践活动，人们能够传承和弘扬苗族的文化传统和价值观，增强社区内部的凝聚力和认同感。同时，这些活动也为苗族人民提供了一个展示自己独特文化魅力的机会，促进了文化交流与传承。

（四）关于自然界和宇宙的知识与实践

自然界和宇宙的知识与实践，是社区和群体与自然和谐相处的智慧体现。这些知识与实践通常来源于对自然界和宇宙的深入观察、体验和理解，涵盖了生态平衡、环境保护、天文地理等多个方面。

这些知识与实践首先强调了人与自然的和谐共生关系，其次强调了可持续发展的观念，再次有助于人们的生产和生存，为人类对自然界和宇宙的理解提供了珍贵的资料。

在西部广袤大地所承载的璀璨非遗星河中，彝族火把节（图2-4）宛如一颗炽热耀眼的星辰，散发着独特而迷人的光芒，其背后深深根植着彝族人民源远流长的传统生态文化。它涵盖了彝族人民对自然环境的认识、利用和保护，包括农耕、狩猎、采集、饲养等方面的知识和技艺。在彝族的传统生态文化中，彝族人民尊重自然、顺应自然，遵循生态规律，合理利用自然资源，实现了人与自然的和谐共生。他们根据不同季节和环境条件，选择合适的农耕和种植方式，以保持土壤肥力和生态平衡。通过对天象的观察、地形的辨认和地理特征的了解，积累了丰富的知识和经验。

▲ 图2-4 彝族火把节（来源：四川省凉山州西昌市文旅局公众号）

（五）传统手工艺

传统手工艺，作为手工技艺与传统文化的完美结合，是世代相传的技艺，更是人类智慧与创造力的结晶。传统手工艺以其独特的方式，将文化、历史、艺术和生活紧密地联系在一起。

手工艺品蕴含着丰富的文化内涵，反映了特定历史时期、地域和民族的生活方式、审美观念和价值取向。通过手工艺品，人们可以了解一个民族或地区的文化传统、风俗习惯和历史演变。手工艺人通过独特的构思和精湛的技艺，将生活中的材料转化为富有美感和艺术价值的工艺品。传统手工艺品往往具有地域特色和民族特色，因此成为当地旅游业和文化产业的重要资源。手工艺品生产水平和销售量的提高，可以促进当地经济的发展，增加就业机会，提高人们的生活水平。

贵州地区的苗族剪纸（图2-5）是一种传统的民间手工艺，被视为西部非遗的一部分。苗族剪纸源于苗族人民的日常生活，是他们表达情感、传承文化的重要方式。剪纸作品通常以苗族的历史、神话、传说和日常生活为题材，通过剪纸这种独特的艺术形式表现出来。每一幅剪纸作品都充满了浓厚的民族文化气息，展现出苗族人民对自然和生命的独特理解。

▲ 图2-5　贵州苗族剪纸艺术家谢志成作品（谢志成　供图）

第二节　西部非遗的沿革

中国的非物质文化遗产可以追溯到原始先民的文化创造，如原始乐舞的表演、口头歌谣、工艺技能、图腾崇拜和巫术活动等。但更多的是，在以自给自足为主体的农耕或游牧文化中，由各族人民世代传承，与人民群众生产生活密切相关的传统文化表现形式。在中国长达两千多年的封建社会中，发展缓慢的农耕或游牧文化长期占主导地位，这样的社会经济结构为民族民间文化的产生和发展提供了良好的土壤和社会环境。中国各民族共同创造的非物质文化形态，蕴含着中华民族特有的思维方式、精神价值、情感因素和文化意识，反映着中华民族的生存状况、文化心理和风俗习惯。

中国西部地区与十多个国家接壤，陆地边境线长达12 747千米，如此之长的陆地边境线，无疑为西部地区发展边境贸易提供了地理便利，历史上穿越西部地区的"丝绸之路"曾是中国对外交流的第一条通道。在长期的历史发展过程中，西部地区形成了独具特色的民族文化，成为中国非物质文化遗产的重要来源。在古代，西部地区的非遗主要体现在民间传说、音乐、舞蹈、戏剧等方面。这些传统艺术形式不仅是当地民族生活的重要组成部分，也成为中华文化多样性的重要体现。在历史上，西部地区一直是多个民族聚居的地方。这些民族在长期的历史发展过程中，形成了独特的文化传统和艺术形式。

一、秦汉时期

秦汉时期是中国历史上第一个大一统的时期，也是西部地区非遗文化的形成期。秦始皇统一中国后，实行了一系列改革，其中最重要的是书同文、车同轨、统一度量衡等，这对西部地区非遗文化的形成产生了深远的影响。同时，汉武帝时期实行了"开疆拓土"政策，大规模开发西部地区，也促进了该地区非遗文化的发展。

二、唐宋时期

唐宋时期是中国文化的繁荣发展期，也是西部地区非遗文化的繁荣期。唐朝时期，西部地区的文化艺术取得了巨大的成就。例如，敦煌莫高窟的壁画和雕塑等艺术形式在世界上享有盛誉。宋代则以四川地区的文化为代表，出现了"蜀学"等重要的学派，对西部地区非遗文化的发展产生了深远的影响。

三、元明清时期

元明清时期是中国历史上的一个转折点，也是西部地区非遗文化的转型期。元朝时期，由于蒙古族的统治和西域文化的融入，西部地区的非遗文化出现了新的特点。

明朝时期，则以云贵高原的文化为代表，出现了"滇学"等学派，对西部地区非遗文化的发展产生了影响。清朝时期，随着改土归流等政策的实施，西部地区的非遗文化逐渐形成了独具特色的地方文化。

第三节　西部非遗的特征

在艺术领域，艺术形式与艺术内容是相辅相成的，艺术形式指的是艺术作品内部的组织构造、外在的表现形态以及各种艺术手段的综合体现。西部非遗具有多样性、原始性、活态性、民间性、独特性和跨地域性的形式特征。这些特征共同构成了其独特性和魅力，使得非遗项目在表现手法、风格和形式上各具特色，展现了人类文化的多元性和丰富性。

（一）多样性

由于地理环境复杂，民族众多，西部地区的非遗项目涵盖了民间文学、传统音乐、传统舞蹈、传统戏剧、曲艺、传统手工技艺等多个领域。许多非遗项目跨越了多个地域和民族。例如：藏族史诗《格萨尔王传》流传于西藏、青海、四川、甘肃等地的藏族聚居区；彝族的《阿诗玛》则在云南和四川部分地区流传。它们都超越了地域和民族界限，成为多民族共享的文化瑰宝。陕北的民歌既有高亢嘹亮的信天游，又有低吟浅唱的酒曲；贵州的苗绣（图2-6）既有精细的刺绣，又有粗犷的织锦。这种多样性使得西部非遗丰富多彩，独具魅力。

▲ 图2-6　苗绣（来源：王的手创）

（二）文化的交汇融合

许多非遗项目历经千百年传承至今，往往保留着原始的文化基因，反映了人类早期的生产生活方式、价值观念和审美取向。例如：四川的羌族沙朗（图2-7）是一种古老的舞蹈形式，其动作和节奏都与羌族古代的生活密切相关；云南的甲马拓印（图2-8），则是云南古代宗教、民俗及民间艺术的重要载体。

▲ 图2-7　羌族沙朗（刘炳林　摄）

▲ 图2-8　云南甲马拓印（王子　摄）

（三）活态性

与静态的物质文化遗产不同，非遗是动态的、不断发展的。西部非遗在传承中不断发展创新，以适应时代的需求。例如，陕西的华阴老腔，在传承中不仅保留了传统的唱腔和曲牌，还不断吸纳新的元素，如现代音乐和舞台表现手法，使其更具有时代感和吸引力。

（四）根植于民间

西部非遗项目是西部地区各族人民在长期的生产实践中，结合当地的生活习俗、宗教信仰、历史传统而创造和传承下来的。它们反映了人民群众的审美观念、思想观念和价值取向，具有很强的民间性和广泛的群众基础。例如，陕西安塞腰鼓（图2-9）也是体现西部非遗民间性的实例。安塞腰鼓历史悠久，极具民族风格和地域特色。

（五）历史的文化积淀

西部非遗项目具有独特的艺术魅力和文化内涵，很难用现代技术完全替代。因

▲ 图2-9　安塞腰鼓（来源：吾馨"AI生成"）

此，西部非遗的保护和传承具有不可替代的重要意义。如藏族的"转山"和"跳神"（图2-10），都是具有独特的地域特色和民族特色的非遗项目。这些信仰

▲ 图2-10 藏族"跳神"（来源：鄂尔多斯市博物馆 李源瀚 摄）

和仪式经过长期的历史积淀，已经成为当地人民生活中不可或缺的一部分，也是中国乃至世界文化的重要组成部分。

第四节　西部非遗与设计的关系

一、设计理念

在现代设计中巧妙地运用西部非遗资源不仅能够促进设计的发展和完善，为设计者开拓全新的创意设计路径，还能弘扬中国优秀的传统文化，传承中华美学精神。在实际设计过程中，设计者必须掌握科学的设计方法，确保设计的科学性和合理性，以推动文化创意设计发展。

设计思维是设计实践的先导，在设计实践之前，需要对"为什么设计、怎样设计、要达到何种效果和达成某种目标"等基本问题有清晰的认识。因此，非遗文化创意产品设计需要遵循以下设计理念。

（一）文化性

文化性是指在设计过程中，融入文化元素，让设计作品焕发独特的文化内涵和风

格。西部非遗作为传统文化的重要组成部分，承载着丰富的历史、民俗、艺术等方面的信息。西部非遗文化是经过长期历史积淀形成的，具有独特的艺术特点和文化内涵，是民族文化的瑰宝。因此，在西部非遗的设计中，要注重对其文化内涵的挖掘和表达，使设计作品不仅能够满足功能需求，还能够传承和弘扬传统文化。非遗文创产品设计理念首先要尊重和传承非遗文化，保持其原真性和独特性，让非遗文化得到更好的保护和传承。

（二）创新性

创新性是现代设计中的重要环节。创新设计可以让产品或服务在市场上更具竞争力，提升品牌形象，促进企业发展。在非遗领域，西部非遗文化的传承和发展需要不断创新，与时俱进，与现代社会相适应。通过创新设计，可以将非遗的传统元素与现代技术、材料和审美相结合，打造出既具有传统韵味又具有现代感的作品，满足现代市场的需求（图2-11）。创新设计也是西部非遗传承和发展的关键，通过引入现代技术和设计理念，推动非遗的传承和发展，使其更好地融入现代社会。在市场上，与众不同的设计可以吸引消费者的注意力和兴趣，提高产品的附加值和市场占有率，同时为企业带来更多的商机和合作伙伴，促进企业的发展。通过创新设计来推动西部非遗的传承和发展，以满足市场的需求，提升企业的竞争力和品牌形象，助力西部非遗文化的保护和弘扬，让更多的人了解和喜爱西部非遗文化。

（三）功能性

设计的功能性指的是设计出来的产品能够满

▲ 图2-11　火烙葵扇《葵语》

（许樊　供图）

足人们日常生活的需求。因此，在设计时更应该注重设计产品的实用性，以满足人们的使用需求为目标。在设计中，应充分考虑产品的功能和性能，采用合适的材料和工艺，确保产品的质量和耐用性。通过将非遗元素融入产品中，可以使人们在使用产品时感受到浓郁的文化氛围，增加产品的文化附加值。

（四）审美性

审美性主要体现在独特的艺术风格、传统与现代的融合、美的追求、多样化的审美体验和文化认同感等方面。非遗文化具有多样化的审美体验，包括视觉、听觉、触觉等方面。非遗产品设计理念要注重多样化的审美体验，通过多感官的刺激，使人们在使用产品时获得更丰富的感官享受。

设计并非简单的装饰，仅仅以好看作为评价标准，这是设计的最表层。柳冠中的《事理学方法论》中曾给设计的定义："协调人类需求、发展和生存环境条件限制之间的关系，它研究'事'与'情'的道理，简称事理。"

因此，挖掘西部非遗文化并提炼其元素及符号语言应用于现代设计中，离不开文化性、创新性、功能性和审美性的设计理念，是当今设计领域亟须解决的问题之一。

二、西部非遗与设计的关系

西部非物质文化遗产代表着不同民族、地域、历史时期的文化特点和艺术成就，其独特的审美价值和文化内涵为设计提供了丰富的灵感和素材。中国是一个多民族的国家，各民族有着不同的民族特色文化。在中国的西部坐落着大大小小的村落，那里散落着许多非遗民俗文化及技艺。伴随时间的洗礼，历经沧桑变化，斗转星移间它们被赋予了更多的文化精神特质。而设计则是一种创造性的活动，通过将非遗元素与现代设计理念和技术相结合，可以创造出具有独特魅力和文化内涵的作品。若非要探讨西部非遗与设计的关系，那么"相互成就"便是对其关系的最好诠释。

非遗为设计提供大量素材和创作灵感来源。非遗项目种类繁多，包括传统手工艺、民间艺术、民俗文化等，这些项目都具有独特的艺术特点和浓郁的文化气息，可以为设计师提供灵感和创意。通过对不同非遗项目的信息进行提取、分割、变形等，设计师可以解析出一个个不同的视觉符号，从而为具体产品的设计提供丰富的设计语言。

现代设计运用非遗元素，既是解构的过程，也是重构的过程。在对非遗的解构中，对非遗元素的提取和使用，可以丰富设计语言，提升设计效率，让文创产品更加美观。而通过对非遗的重构，设计师获得的不仅是具体的设计符号，更是一整套文化理念。基于这套理念进行设计，是为了设计出优秀的产品，从而助力西部非遗文化传播，从关系维度、情感维度、文化维度拉近消费者与设计对象的距离。

非遗与设计在许多方面也存在融合的可能性。例如：在装置设计领域，可以将传统非遗技艺与现代装置设计相结合，打造具有地方特色的装置艺术作品（图2-12）；在传统文化的创新设

▼图2-12　竹编红菊
（宋亮亮　摄）

计中，延安王帅工作室利用AI数字技术将传统非遗剪纸元素与现代服装设计相结合，创作出具有时尚感和文化内涵的设计作品（图2-13）；在饰品设计领域，将传统的制作技艺或表现形式运用进饰品设计中，并与现代制作工艺相结合，打造出具有地方文化特色，并且符合现代审美需求的饰品（图2-14）。这种融合有助于推动传统文化的创新发展，使其更好地适应现代社会的需求。

因此，西部非遗与设计之间存在着相互促进、相互发展的关系。这种结合有助于推动文化多样性的保护和发展，同时也为现代设计带来更加丰富的灵感和素材。

▲ 图2-13　AI剪纸服装（来源：王不帅聊设计）

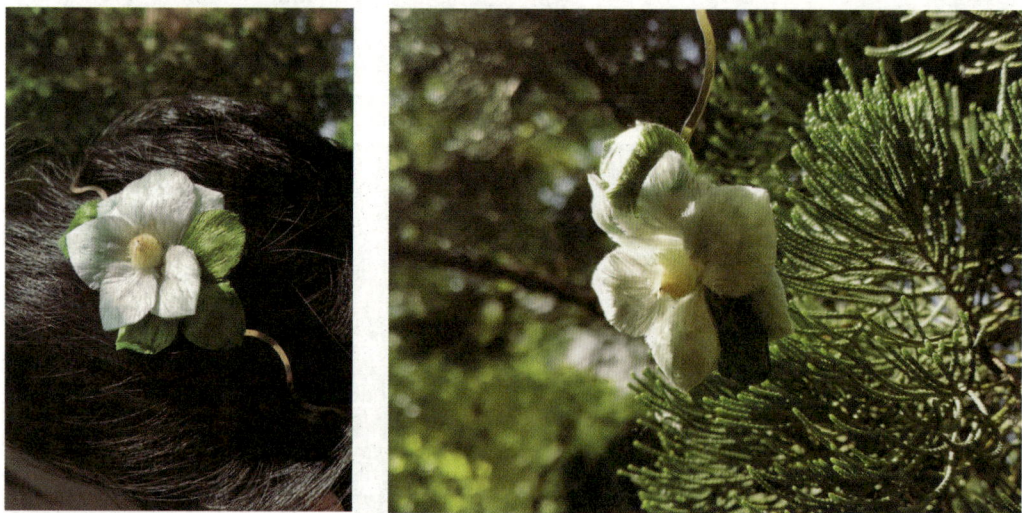

▲ 图2-14　绒花头饰（谢方茜　供图）

西部非遗为现代产品的文化价值开发提供了珍贵的资源和优质的素材，现代产品开发设计，尤其是地方性的文创产品开发，应充分利用非遗资源，发挥非遗资源的优势。同时也应看到，西部非遗资源对于现代产品开发设计的供给并非单方面的。结合西部非遗资源的优质文创产品开发也可作为西部非遗保护和传承的现代化方式和手段，为西部非遗增添适应现代文化语境的创新内容。

西部非遗与设计之间的互动也可以促进地方经济的发展。非遗文化作为地方特色文化的重要组成部分，具有较高的市场潜力和商业价值。通过与设计的结合，可以开发出具有市场竞争力的文化创意产品，从而带动地方经济的发展。

西部非遗与设计之间存在着相互促进、共同发展的关系。通过将西部非遗文化元素与现代设计理念和手段相结合，可以创造出具有地域特色和文化内涵的优秀作品，在助力非遗的保护和传承的同时推动地方经济的可持续发展。

第三章

❧

西部非遗的审美

第一节　西部非遗审美的特点

　　北京大学哲学系李星良在其《人性与人的审美》中认为，生活当中的人们也都爱美，欣赏美，乐于创造美。美的现象，从人类开始制造和使用工具时就出现了。历史上，2 500年前就有思想家谈论美的问题。美学作为一门独立的科学已有200多年的历史了。在每个时代或阶段，人们所处的环境，或多或少会对人们的审美观造成影响。在浩渺的宇宙中，人类所创造的美常常令人心驰神往，赞叹不已。这种美并非凭空而生，而是源于"物发于外而情动于中"的深刻体验。当人们置身于西部独特的自然与人文环境中，受到那些丰富多样的物象刺激与启发，内心深处便会迸发出强烈的审美情感。这些情感不仅是对自然事物本身的感知，更是对它们背后所蕴含的文化、历史和人文精神的领悟。西部非遗的审美表现在以下几个方面。

一、自然之美

　　西部地区——大自然的鬼斧神工之地，拥有无数令人震撼的自然景观。高山、草原、沙漠、湖泊等，每一处都散发着独特的魅力。这些壮美的自然景观为西部地区的非物质文化遗产提供了无尽的素材和灵感源泉。

　　在华夏大地的西南边陲，傣族人民以山为魂、以水为韵，孕育出独具魅力的傣族山神舞（图3-1）。
傣族舞者以山神之名，
通过模仿山间生灵的姿
态与山川的呼吸，将热
带雨林的神秘与山林的
雄浑展现得入木三分。
这不仅是对自然神灵的
虔诚颂歌，更是对傣族
稻作文化与山林信仰的
深刻诠释。舞者身着斑
斓的民族服饰，以细腻
如丝、刚柔并济的肢
体语言，模拟山间猕猴

的敏捷、孔雀开屏的绚烂，乃至山风拂过林梢的轻柔，仿佛每一跃动都蕴含着山川
的脉动与生命的韵律。他们的舞步，时而如溪流潺潺，时而似山涧飞瀑，引领观者
穿越云雾缭绕的峰峦，感受那份与天地合一的宁静与壮阔。在这片被阳光亲吻的土
地上，傣族山神舞不仅展现了傣族人民对自然界的敬畏与和谐共生的智慧，也映射
出他们对生活的细腻感知与对美好未来的无限憧憬。每一举手投足间，都是对生命
之美的颂扬，对家园深情的告白，让观者在欣赏之余，亦能体会到那份源自心底的
纯净与力量。在舞蹈的演绎过程中，舞者们仿佛与大自然融为一体，他们的心灵与
舞蹈相互交融，共同演绎出了一种和谐、自然、纯粹的美。这种美不仅让人感受到
视觉上的震撼和愉悦，更让人在心灵深处产生共鸣，体验到一种超越时空的宁静与

平和。塔吉克族的鹰
舞（图3-2），以雄鹰
这一帕米尔高原的灵
魂象征为灵感源泉，
通过舞蹈这一古老而
鲜活的艺术形式，淋
漓尽致地展现了世界
屋脊的雄浑壮丽与塔

▲ 图3-2 塔吉克族鹰舞（张志颖 摄）

吉克民族的独特风情。鹰舞，以其雄浑奔放的舞姿和深邃的文化底蕴而闻名遐迩。这种舞蹈往往由单人或多人共舞，舞者仿佛化身为翱翔天际的雄鹰，以手臂的舒展与旋转，模拟雄鹰展翅高飞、盘旋天际的英姿，脚步则随着节奏轻盈跳跃，展现出鹰击长空的磅礴气势。鹰在塔吉克族文化中占据着举足轻重的地位，被视为自由、勇敢与力量的化身。舞蹈中的鹰形象因此被赋予了吉祥、胜利的深刻寓意。鹰舞的表演形式既粗犷又不失细腻，既有模仿雄鹰捕猎、翱翔的生动场景，也有表达塔吉克族人民对生活的热爱与向往的深情流露。舞蹈动作刚劲有力，节奏明快，充满了塔吉克民族特有的豪迈与激情。同时，鹰舞还常常伴随着悠扬的鹰笛声和手鼓的节奏，整个表演生动鲜活，引人入胜。作为塔吉克族非物质文化遗产的璀璨明珠，鹰舞承载着丰富的历史文化记忆和民族精神。近年来，随着国家对非物质文化遗产保护力度的不断加大，鹰舞也迎来了新的发展机遇。各地纷纷开展鹰舞的传承与培训活动，让这一古老的艺术形式在新时代焕发出新的光彩。鹰舞不仅深受塔吉克族人民的喜爱，也逐渐成为外界了解塔吉克文化的重要窗口。它不仅丰富了塔吉克族的文化生活，更在促进民族团结、增强文化自信等方面发挥着不可替代的作用。

这些非遗文化以艺术的形式展现了西部地区的自然之美，让人们更加深入地感受到大自然的壮丽与神秘，进一步增进对西部文化的了解和认同。

二、民族风情之美

西部地区是一个多元文化交织的宝地，聚居着众多民族。多民族在漫长的历史发展中，形成了各自独特的民族风情和深厚的民族文化，这些特色在非物质文化遗产中得到了充分的体现。

彝族的《阿细跳月》（图3-3）与非物质文化遗产之间存在着一种深厚而又神秘的联系。这支舞蹈，超越了艺术的范畴，它如同一部活动的历史画卷，生动地描绘出彝族丰富的民俗风情和文化底蕴。每当夜幕降临，月光洒满彝家村落，欢快的《阿细跳月》便在广场上翩然起舞。这不仅仅是一场身体的律动，更是一种民族精神的璀璨绽放，是彝族文化历经千年的沉淀与传承。每一个舞步、每一个转身，都承载着彝族人民对生活的热爱、对自然的敬畏以及对未来的憧憬。《阿细跳月》的艺术魅力，深深植根于彝族丰富的民俗风情之中。它不仅是舞蹈，更是一种文化、一种信仰、一种生活方式的生动演绎。这支舞蹈的保护与传承，不仅仅关乎艺术本

身，更是对彝族文化多
样性的坚守与弘扬。它
像一面镜子，反射出彝
族人民独特的世界观、
价值观和生活哲学。作
为非遗项目的璀璨明
珠，《阿细跳月》已在
国内外赢得了广泛的赞
誉，成为云南省乃至整
个中国的文化瑰宝。在
历史的舞台上，这支舞
蹈将继续以其独特的民
俗风情之美，为世界文
化的繁荣与发展贡献着
不可或缺的力量。

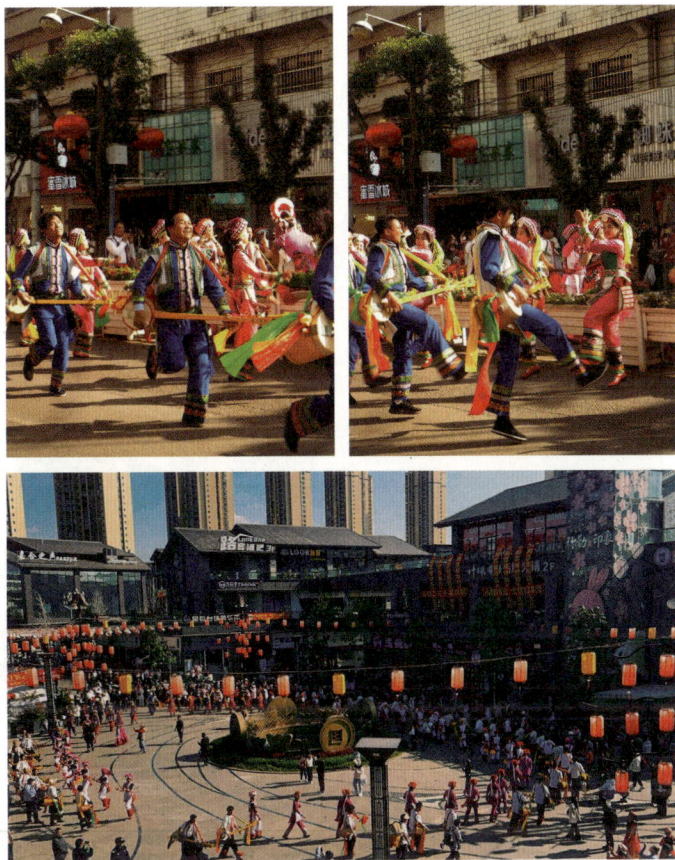

▲ 图3-3　彝族《阿细跳月》（杨燕　摄）

三、历史文化之美

　　西部地区不仅自然景观壮丽，还拥
有悠久的历史和丰富多彩的文化遗产，
如著名的古丝绸之路和蜿蜒曲折的长
城，这些历史遗迹为西部非遗提供了深
厚的文化底蕴。

　　敦煌莫高窟（图3-4、图3-5），
作为西部文化的瑰宝，其壁画艺术令
人叹为观止。这些壁画不仅以其精美
的画面和细腻的线条展现了古代艺术
的辉煌成就，更以其深刻的文化内涵
和丰富的历史信息，成为研究古代文
明的重要窗口。而在陕西，秦腔这一

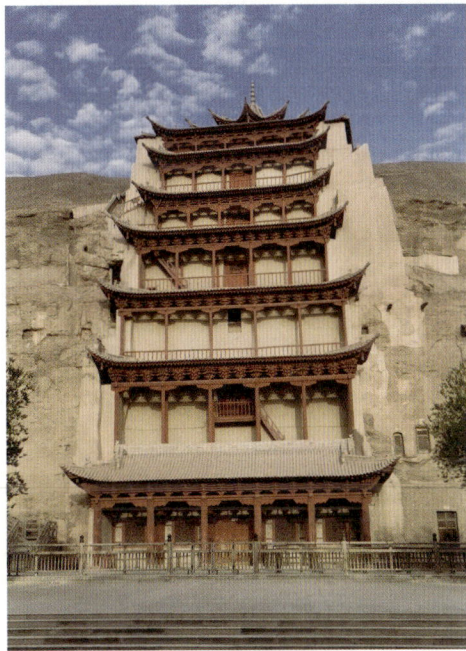

▲ 图3-4　敦煌莫高窟（李珊娜　摄）

独特的戏曲形式更是深受人们喜爱。秦腔以其高亢激越的唱腔和独特的表演风格，成为我国戏曲艺术的瑰宝之一。通过秦腔的表演，我们可以更深入地了解到西部人民豪放不羁、坚韧不拔的性格特点，以及他们对生活的热爱和对未来的憧憬。

四、生活情感之美

西部非遗不仅承载着深厚的历史文化底蕴，更蕴含着丰富的生活情感之美。

以苗族的《飞歌》（图3-6）为例，其高亢激昂的曲调如同山涧流水般激荡人心，真挚感人的歌词则倾诉着苗族人民对家乡深深的眷恋和对生活的无限热爱。苗族《飞歌》的演唱形式丰富多样，包括齐唱、独唱、重唱和对唱等。在演唱过程中，苗族人民常常采用多声部合唱的方式，展现出其独特的音乐魅力。使用苗语真嗓演唱，声音高亢嘹亮、豪迈奔放。在唱腔上，苗族人民注重声音的穿透力和感染力，使歌曲更具震撼力和吸引力。内容多与爱情、生活、自然等相关，通过歌曲传达苗族人民对生活的热爱和对自然的敬畏之情。其

▲ 图3-5　敦煌莫高窟（赵忠涛　摄）

▲ 图3-6　苗族《飞歌》（寿柯慧　摄）

中，《唱歌要趁年轻》就是苗族《飞歌》中的代表作之一。而羌族的《酒歌》（图3-7）则以欢快的节奏和热烈的气氛，展现出羌族人民对友情的珍视和对美好生活的向往。这些非遗艺术通过独特的表演形式，将人们对生活的感悟和情感体验娓娓道来，让人们更加深入地感受到生活的美好与意义，体会到非遗文化的独特魅力和深刻内涵。羌族《酒歌》节奏徐缓，曲调悠扬，风格古朴。其演唱方式多样，包括齐唱、对唱、独唱等。不同的演唱方式适用于不同的场合，如齐唱多用于大型宴会，对唱则常用于亲朋好友间的交流。它的唱词为多段体，内容丰富多彩，既有客主间互相祝贺、应酬之辞，也有叙述家史或赞颂古代英雄人物的篇章。这些歌曲反映了羌族人民的生活习俗、历史传统和审美观念。

▼ 图3-7　羌族《酒歌》
（刘炳林　摄）

五、技艺之美

西部非遗中的众多项目，无不展现了精湛的技艺之美。以四川的蜀绣为例，这项古老的艺术以其细腻的针法和精美的图案，吸引了无数人的目光。

中国蜀绣（图3-8）又称川绣，源远流长，蜀绣之名早在汉代就已誉满天下。汉赋家扬雄在其《蜀都赋》中道："锦布绣望，芒芒兮无幅。"悠久的历史、文化内涵及其针法技艺都对中国刺绣发展产生过重大影响，蜀绣作为国家非常重视的非物质文化遗产，与苏绣、湘绣、粤绣齐名，并称为中国四大名绣，享有"蜀中之宝"的美誉。蜀绣以其形象生动，色彩艳丽，富有立体感，短针细密，针脚平齐，片线光亮，变化丰富的特点位居四大名绣之首。蜀绣技艺严谨精密，讲究施针，针法变化多样，针脚整齐、掺色轻柔、虚实合度、变化丰富，具有浓郁的地方色彩。双面异形异色异样绣被誉为"刺绣的最高境界"，即在一幅作品的正反两面，同时运针，绣出的画面分别具有不同的形象和色彩与内涵，却又互不相扰，具有较为鲜明的时代特征，为蜀绣开辟了一条新的发展之路。而在云南，剪纸艺术（图3-9）同样以其独特的魅力吸引了人们的目光。剪纸艺人以剪刀为笔，以纸张为纸，凭借着精湛的剪刻技艺，创作出了一幅幅构图独特、寓意深刻的作品，成为民间艺术的瑰宝之一。这些非遗项目不仅展示了西部地区人民的智慧和创造力，更让人们深入感受到艺术的魅力和生命力。

▲ 图3-8 蜀绣（来源：小红书"中华锦绣"）

▲ 图3-9 云南剪纸（查文斌 供图）

六、象征之美

在西部非遗的璀璨宝库中，许多项目都承载着深刻的象征意义，这些意义不仅代表了各民族独特的文化特色，也体现了人们对生活的深刻理解和感悟。

扎染艺术追求的是一种染色过程中的偶然多变的花色纹饰，其图案由扎结而来，通过设计、计划性地针缝线扎，再经煮染形成花纹。这种方法形成的纹样与织造印染的纺织品图案有着明显的不同，具有质朴典雅、浪漫自然的审美特征。贵州布依族扎染（图3-10）制品在染色过程中，由于扎线捆绑力度的不同和绑扎的松紧差异，导致织物承受压力的大小不同，因此染液浸染在布匹纹理中的程度也不同，产生的色晕深浅虚实结合，颜色纹理变化多端。扎染工艺所形成的图案纹样具有独特的魅力，富有人文色彩，是现代印花工艺所无法得到的。其产生的纹理及晕色不仅是技术性和艺术性的完美结合，还具有丰富的文化内涵和较高的艺术价值。泸州分水油纸伞（图3-11）将中国传统艺术与油纸伞文化有机融合，不仅体现了中国传统伞艺的精髓，还融入了地方文化的特色，形成了独特的艺术风格。分水油纸伞的圆形伞面寓意美满、团圆、平安，其伞面图案注重艺术性和文化性，体现了民俗文化的价值和较高的收藏价值。分水油纸伞具有特殊的地域品质，相对于其他地方油纸伞产品具有更经久耐用、实用性强的特点。固原砖雕既有简单粗犷、朴素的纹样，也有细致华丽的结构，形成了自己独特的艺术风格。它的雕刻技艺精湛，其造型既有实用性，又富有装饰性，为中国的建筑提供了丰富生动的装饰纹样资料。固原砖雕不仅反映了回族地区的建筑装饰图案的艺术风格和审美特征，还承载了宁夏地区丰富的历史文化和民俗风情，具有较高的艺术价值。

▲图3-10　贵州布依族扎染（何愿红　摄）

▲图3-11　泸州分水油纸伞（来源：小红书"笔者"）

第二节　西部非遗审美的案例分析

下面我们将选取五个具有代表性的西部非遗项目进行详细分析，并针对这五个案例，从技艺、象征、仪式和情感四个方面进行深入探讨。

一、藏族唐卡

（一）技艺

唐卡（图3-12）的绘制技艺是藏族绘画艺术的精华，它体现了藏族艺术家对色彩、线条和构图的深刻理解与高超运用。唐卡的绘制通常使用天然矿物颜料和植物染料，这些颜料色彩鲜艳、持久，且对画布的渗透性强，使得唐卡的画面色彩饱满、层次分明。在绘制过程中，艺术家们采用特殊的笔法和色彩组合，通过细腻的笔触和丰富的色彩变化，将人物、背景和纹饰等元素表现得栩栩如生。唐卡的绘制技艺还包括起稿、着色、勾线、铺金等多个步骤，每一步都需要艺术家们投入大量的时间和精力，这体现了他们对艺术的执着追求，并展现了绘画的精湛技艺。

▲图3-12　藏族唐卡（陈晶晶　摄）

（二）象征

唐卡作为藏传佛教艺术的代表，其图像和色彩都富含象征意义。唐卡上的佛像、菩萨、护法神等形象，代表着佛教中的神圣力量和智慧，它们通过精美的绘画形式向信众传达着佛教的教义和哲理。唐卡中的色彩也承载着丰富的象征意义，如红色代表慈悲和关爱，白色象征纯洁和清净，黄色则代表着智慧和光明。这些色彩的运用不仅使唐卡的艺术效果更加鲜明，还加深了其宗教内涵的表达。

（三）仪式

在藏传佛教中，唐卡是寺庙、修行场所和僧侣仪式中不可或缺的重要部分。在佛教仪式中，唐卡被用于展示佛、菩萨、护法神等神圣形象，以及佛教故事、经文和教义的图像化呈现。通过展示唐卡，信众们可以更加直观地了解佛教的教义和故事，从而加深对佛教的理解和信仰。同时，唐卡也是信众们朝拜和祈祷的重要对象，他们相信通过朝拜唐卡可以获得佛陀的庇佑。

（四）情感

唐卡不仅是藏族人民信仰和情感的表达，也是他们与佛教文化紧密相连的纽带。对于藏族人民来说，唐卡不仅是一种艺术形式，更是一种精神的寄托和情感的表达。通过欣赏唐卡，人们可以感受到藏族人民对佛教的虔诚和敬畏之情，以及他们对美好生活的向往和追求。它们通过精美的绘画形式向世人展示了藏族文化的独特魅力和深刻内涵。

二、蒙古族马头琴艺术

（一）技艺

马头琴（图3-13）的制作技艺源远流长，体现了蒙古族工匠的精湛技艺和独特智慧。其琴身通常由硬木制成，共鸣箱扁平而呈梯形，琴头雕刻成马头的形状，琴杆上部左右两侧各安一弦轴，拉弓则以藤条与马尾做成。琴箱的面背两面都蒙皮膜，这与其他拉弦类乐器有显著的不同。此外，现代马头琴经过改良，使用尼龙弦替代了传统的马尾弦，音箱尺寸也有所扩大，这使得马头琴的音量更大，音色更为明亮。演奏马头琴需要掌握独特的技巧和指法，如滑音、颤音等，这些技巧的运用能够充分展现马头琴独特的音色和表现力。

▲ 图3-13　蒙古族马头琴（来源：小红书"B.SIQINBILIGE"）

（二）象征

马头琴不仅是蒙古族人民喜爱的乐器，也是其民族精神的象征。马头琴的琴头雕刻成马头的形状，象征着蒙古族人民对马的深厚情感和对自由、勇敢精神的追求。在蒙古族文化中，马是草原上的英雄和象征，而马头琴则是蒙古族人民表达对生活热爱和对自然敬畏之情的媒介。马头琴的音色深沉、激昂，能够传达出蒙古族人民豪放不羁、坚韧不拔的性格特点。

（三）仪式

在蒙古族的各种节日和庆典中，马头琴都是必不可少的乐器。在庆祝丰收、祭祀祖先、婚礼等场合，人们都会演奏马头琴来增添氛围。马头琴的演奏往往伴随着蒙古族的舞蹈和歌唱，形成了一种独特的艺术形式。在这些仪式中，马头琴的演奏不仅是对节日和庆典的庆祝，更是对蒙古族文化和民族精神的传承和弘扬。

（四）情感

马头琴是蒙古族人民情感的寄托和表达。通过演奏马头琴，人们可以抒发内心的情感，表达对生活的热爱和对自然的敬畏之情。马头琴的旋律悠扬动听，能够触动人们的心灵深处，引起共鸣和感动。在蒙古族人民的生活中，马头琴不仅是一种乐器，更是一种精神的寄托和情感的表达方式。无论是欢乐还是悲伤，人们都可以通过演奏马头琴来表达自己的情感，与他人分享自己的内心世界。

三、维吾尔族木卡姆艺术

（一）技艺

维吾尔族木卡姆艺术（图3-14）是维吾尔族人民世代传承的世界级非物质文化遗产，它在技艺上展现出了极高的水平。木卡姆艺术是集歌、舞、乐于一体的大型综合艺术形式，其音乐形态丰富多样，包括多种音律、繁复的调式、多变的节拍和节奏。伴奏乐器种类繁多，如拉弦乐器刀郎艾捷克、拨弦乐器卡龙、刀郎热瓦甫等，以多面达普击节相伴，共同营造出宏大的音乐效果。在演唱方面，木卡姆艺术既有合唱、齐唱，也有独唱，唱词格律与押韵方式复杂多样，充分体现了维吾尔族人民在音乐创作和演唱上的高超技艺。

（二）象征

维吾尔族的木卡姆艺术具有丰富的内涵。木卡姆不仅是维吾尔族人民音乐、舞蹈、戏剧等艺术形式的总称，更是他们文化、历史、民族认同的象征。木卡姆艺术中

▲ 图3-14　维吾尔族木卡姆（陈秋琦　摄）

的歌曲内容包含了哲人箴言、文人诗作、先知告诫、民间故事等，是维吾尔族人民智慧的生动表现，也是他们文化传承的重要载体。通过木卡姆艺术，维吾尔族人民传递着对美好生活的向往、对纯洁爱情的追求以及对艰辛命运的叹息，展现了他们独特的文化价值观和民族精神。

（三）仪式

维吾尔族的木卡姆艺术在仪式上承载着重要的功能。在维吾尔族人的日常生活中，木卡姆艺术是各种公众或家庭聚会中不可或缺的一部分。在各种庆祝活动、婚礼、葬礼等场合，维吾尔族人民都会演唱和表演木卡姆，以表达喜悦、哀悼等情感。特别是在重要的宗教仪式中，木卡姆更是扮演着重要的角色，如在清真寺的聚礼日或重大节日中，维吾尔族人民会演唱木卡姆以表达对真主的敬仰和感激之情。通过这些仪式活动，维吾尔族人民不仅加深了彼此之间的情感联系，也增强了他们的民族认同感和凝聚力。

（四）情感

维吾尔族的木卡姆艺术在情感上具有丰富的表现力。木卡姆艺术中的歌曲曲调高亢粗犷、感情纯朴真挚，能够充分表达哀与乐、爱与恨和美好理想。无论是欢快的歌曲还是悲伤的旋律，都能引起维吾尔族人民的共鸣和情感共振。通过木卡姆艺术，维吾尔族人民能够表达出内心深处的情感世界，增强彼此之间的情感交流和沟通。同时，木卡姆艺术也能够激发维吾尔族人民的创造力和想象力，推动他们不断追求艺术创新和文化发展。

四、四川蜀绣

（一）技艺

蜀绣艺术在技艺上独具匠心，其针法繁多且精细，共计12大类122种。常用的针法如晕针、木石木针、铺针、滚针等，每种针法都有其独特的运用方式和艺术效果。蜀绣的技艺体现在对丝线的巧妙运用上，通过不同的针法，能够绣出细腻而生动的图案，如花鸟、山水、人物等，线条流畅，色彩丰富，层次分明。蜀绣的制作工艺复杂且精细，每一件作品都需要经过多道工序和严格的挑选，体现了高超的手工技艺和精益求精的精神。

（二）象征

蜀绣艺术在象征上具有丰富的文化内涵。蜀绣的图案取材广泛，既有传统的寓意纹样，如龙凤呈祥、富贵牡丹等，也有具有地方特色的图案，如大熊猫、九寨沟山水等。这些图案不仅具有装饰性，更承载着深厚的文化内涵和象征意义。例如，龙凤呈祥象征着吉祥如意，富贵牡丹则寓意着繁荣昌盛。蜀绣的图案还常常融入诗词歌赋等文学元素，使作品更具文化内涵和艺术价值。

（三）仪式

蜀绣艺术在仪式上扮演着重要的角色。在四川地区，蜀绣不仅是日常生活中常见的装饰品，更是各种庆典和仪式中不可或缺的元素。例如，在婚礼上，新娘的嫁衣上常常绣有精美的蜀绣图案，寓意着新婚夫妇的美好祝愿和幸福生活。在重要的节日和庆典中，蜀绣作品也常被用作礼品赠送给来宾，以表达敬意和祝福。这些仪式活动不仅体现了蜀绣在四川地区的广泛应用和重要地位，也增强了人们对蜀绣文化的认同感和归属感。

（四）情感

蜀绣艺术在情感上具有独特的表达力。蜀绣作品常常融入刺绣者的情感和心血，通过细腻的线条和丰富的色彩，表达出对美好生活的向往和追求。同时，蜀绣也承载着人们对亲情、友情和爱情的深厚情感。在送给亲友的蜀绣作品中，常常绣有寓意吉祥如意的图案和祝福语，以表达亲情和友情的珍贵。在情侣之间，蜀绣作品也常被用作定情信物，以表达爱情的纯真和永恒。这些情感元素使蜀绣作品更具生命力和感染力。

五、贵州苗绣

（一）技艺

苗绣的技艺精湛且独特，它不仅仅是简单的刺绣工艺，更是一种高度艺术化的创作过程。在苗绣中，常用的技法包括平绣、锁绣、打籽绣等多种，每一种技法都有其独特的针法和线法，要求刺绣者具备高超的技艺和丰富的经验。在刺绣过程中，刺绣者需要根据图案的线条和色彩，运用不同的针法和线法，将图案精细地绣制在布料上，制成多样的绣品。

苗绣的技艺还体现在其独特的构图和配色上。刺绣者通常根据传统的图案和寓

▲ 图3-15　苗绣（来源：王的手创）

▲ 图3-16　苗绣（来源：王的手创）

意，结合自己的创意和想象力，设计出独特的绣品（图3-15和图3-16）。在配色上，苗绣注重色彩的对比和协调，通过不同颜色的搭配，形成强烈的视觉冲击力和艺术美感。

（二）象征

苗绣中的图案和色彩都富含象征意义。例如，蝴蝶、龙、飞鸟等图案在苗绣中经常出现，它们具有装饰作用，承载着深厚的文化内涵和象征意义。蝴蝶象征着爱情和幸福，龙则代表着权力和威严，飞鸟则寓意着自由和向往。这些图案在苗绣中的运用，不仅丰富了绣品的文化内涵和艺术表现力，也寄托了苗族人民对美好生活的向往和追求。

（三）仪式

在苗族文化中，苗绣不仅是艺术品，更是仪式中的重要组成部分。在苗族的一些重要节日和庆典中都扮演着重要的角色。在这些仪式中，苗绣被用作装饰和象征，通过展示精美的绣品，表达着人们的喜悦、悲伤和怀念之情。同时，苗绣的制作和赠送也具有一定的社交功能。通过赠送绣品，人们可以表达彼此之间的情谊和祝福。

（四）情感

苗绣不仅是苗族人民的艺术瑰宝，更是他们情感的寄托和表达。在苗族文化中，女性是苗绣的主要传承者和制作者，她们通过刺绣来表达自己的情感和愿望。在绣制过程中，她们将自己的情感融入一针一线中，通过绣品来传递自己的爱和祝福。同时，苗绣也是苗族人民对自然和生活的热爱和敬畏之情的体现，他们通过绣制自然和生活中的美好事物，来表达自己对大自然的感激和敬畏之情。

第四章

❦

西部非遗的精神内涵

　　西部非遗的精神内涵是深厚且多元的，它不仅承载了西部地区独特的文化传统和
民族精神，更深刻地反映了人们对生活的理解和对未来的追求。凝聚了历史、文化的
智慧和社会的经验，是非遗文化的重要组成部分，也是人们审美情趣和文化修养的重
要来源。通过深入了解和学习非遗的精神内涵，我们不仅能更全面地认识和理解西部
地区丰富的历史文化资源，还能从中汲取智慧和启示，更好地应对当今世界的挑战和
机遇。

第一节　对自然的敬畏和顺应

　　在西部这片广袤而神秘的土地上，人们与自然的相处之道源远流长。千百年来，
他们在这片土地上繁衍生息，与山川、草原、河流为伴，深知自然的伟大力量和生命
的脆弱。因此，他们形成了一种独特的观念，即敬畏自然、顺应自然。

　　在辽阔的草原上，人们用马头琴奏出悠扬的歌声，仿佛在与风、与云、与草原上
的生灵对话。这种音乐不仅体现了人们对自然的依赖和感知，更反映了对自然的敬畏
和崇拜。在河流边，渔夫们用悠扬的渔歌表达着对河流的感激之情，他们用歌声诉说
着河流所给予的丰收与希望。

　　西部非遗中有很多项目都体现了人们对自然规律的顺应和尊重。在农耕文化中，

人们通过观察天象、气候等自然规律来安排耕种、收割等农事活动。他们知道何时播种、何时灌溉、何时收割，这一切都是基于对自然规律的深刻理解和尊重。这种尊重自然规律的态度，不仅有利于农业生产的顺利进行，还有助于生态环境的保护。人们相信，只有顺应自然，才能实现人与自然的和谐共处。

西部非遗中也有一些项目体现了人们对自然的感恩和回馈。在草原上的牧民文化中，人们通过献祭、歌舞等方式来感谢自然的恩赐。他们感谢草原给予丰美的牧草和清澈的水源，感谢天空给予温暖的阳光和甘美的雨露。同时也表达了对自然的敬畏之情，因为深知自然界的万物都有神灵存在。在日常生活中，也会注意保护环境、节约资源等行为规范，只有珍惜自然资源，才能实现可持续发展，让子孙后代能在这片土地上繁衍生息。

它的精神内涵不仅体现在对自然的敬畏和尊重，更体现在对生命的珍视和关爱。在这片土地上，人们深知生命的脆弱和短暂，因此更加珍惜与亲人、朋友之间的情感纽带。用歌声、舞蹈、故事等方式来传承和弘扬这些美好的情感和价值观。这种珍视生命、关爱他人的精神内涵也体现在西部非遗的传承中。非遗传承人通过口口相传、手把手教的方式将这些宝贵的文化遗产传承给子孙后代，让他们能够继续传承和发扬这些美好的精神内涵。

第二节　家族和社区传承

家族和社区在西部地区人们的生活中占据了举足轻重的地位，不仅是其生活的依托，更是文化传承和发展的重要载体。在这种背景下，非遗作为一种活态的文化遗产，自然也与家族和社区有着密切的联系。

西部非遗中有很多项目都是以家族和社区为基础进行传承的。这些项目在记录家族和社区历史和文化的同时，还成为维系家族和社区凝聚力和认同感的重要纽带。例如，在一些少数民族地区，家族和社区会有一套系统的族谱和相应的族规。这些族谱和族规不仅详细记录了家族和社区的历史沿革、文化传承，还包含了家族成员的行为规范和道德准则。

在农耕文化中，家族也会有一套系统的农耕仪式和农耕歌曲。这些仪式和歌曲是对祖先的敬仰和对自然的感恩,更是维系家族团结互助的重要方式。在春耕、夏耘、秋收、冬藏等农事活动中,人们会举行各种仪式,如祈求丰收、祭祀祖先等。同时,他们还会唱起欢快的农耕歌曲,歌颂自然的恩赐和劳动的喜悦。这些仪式和歌曲不仅加强了家族成员之间的联系和互动,还让他们在面对生产和生活中的挑战时能相互扶持共渡难关。

除此之外,西部非遗中还有一些项目体现了对家族和社区的认同和尊重。这些项目通过展示各民族的服饰、歌舞、技艺等文化特色,让人们更加深入地了解和认识各民族的文化魅力。例如,在一些少数民族地区,人们会穿民族服饰、唱民族歌曲、跳民族舞蹈等,以展示自己的文化特色和身份认同。

非遗的传承过程中,家族和社区也发挥着重要的作用。它们不仅为非遗的传承提供了重要的场所和条件,还将非遗技艺和文化传统传承给后代。同时,家族和社区还会组织各种非遗展示、演出和交流活动,让更多的人了解和认识非遗文化。

第三节　历史文化的传承和弘扬

非遗项目作为历史文化资源的重要载体,承载着深厚的历史底蕴和独特的文化魅力,对于传承和弘扬历史文化具有不可替代的重要意义。

以四川地区的传统戏剧表演为例,这些表演不仅是艺术的展现,更是历史的传承。表演者身着精美的传统戏服,手持古老的乐器,在舞台上演绎着一幕幕历史传奇。演出时用到的戏服和乐器,都是历史的见证,它们见证了古代人们的生活方式、审美情趣以及对艺术的追求。通过这些表演,我们能够更加直观地感受到非遗文化的独特魅力。

传统的手工艺制作中,如刺绣、剪纸、编织等技艺,同样承载着历史的足迹。这些技艺是祖先们智慧的结晶,是他们对生活的热爱和对美的追求的体现。通过学习和传承这些技艺,我们不仅能够掌握传统的手工艺技能,更能够深入了解这些技艺背后的历史文化内涵。

西部非遗项目中还有一些项目体现了对历史文化的尊重和弘扬。在一些少数民族地区,人们会通过举办传统节庆活动来展示本民族的历史文化和传统习俗。这些节庆活动，如藏族的雪顿节、彝族的火把节等，都是各民族历史文化的集中体现。在这些活动中，人们会穿着传统的民族服饰，跳起欢快的舞蹈，唱起悠扬的歌曲，共同庆祝他们的传统节日。

西部非遗项目中的这些文化元素，不仅是对历史文化的传承和弘扬，更是对中华民族文化自信的体现。在当今世界文化多元化的背景下，保护和传承这些非遗项目显得尤为重要。我们应该加强对西部非遗项目的保护力度，提高人们的文化自觉性和文化自信心，让更多的人了解和认识西部非遗项目的价值。

同时，我们也应该积极宣传西部非遗项目，让更多的人能够亲身感受它们的魅力。可以通过举办各种展览、演出、体验活动等方式，让更多的人接触和了解。也可以借助现代科技手段，如互联网、虚拟现实等，将这些非遗项目传播到更广泛的领域中。

第四节　个体和群体的认同和尊重

西部地区孕育了众多不同的民族和地域文化，这些文化之间差异显著，相互交织，形成了一道道独特的风景线。在这片多元文化的土地上，对于个体和群体的认同与尊重显得尤为重要。

西部非遗项目中有很多都体现了对个体和群体独特性的尊重。在少数民族地区，每个民族都有自己独特的服饰、音乐、舞蹈、手工艺等非遗项目，这些项目都是该民族文化的重要组成部分。这种对个体和群体独特性的尊重，让每个人都感到被认可和尊重，让各种文化在交流中碰撞、融合，形成更加丰富多彩的文化盛况。

西部非遗中体现了对个体和群体创造力的认可。在传统的手工艺制作中，如刺绣、编织、陶艺等，人们通过自己的智慧和创造力，制作出了独具特色的手工艺品。这些手工艺品具有实用价值的同时，还蕴含着丰富的文化内涵。人们通过对这些手工艺品的欣赏和传承，不仅能够感受到传承人的精湛技艺和独特创意，更能够激发他们的创造力和文化自信心。

西部非遗中体现了对个体和群体历史记忆的尊重。作为历史文化的载体，它记录了不同个体和群体的历史记忆和文化传承。人们通过对非遗项目历史和文化根源的了解，能够更好地传承和弘扬优秀的传统文化，增强文化自信和文化认同。这种对历史记忆的尊重，不仅能够激发人们的爱国情怀和文化自觉，更能促进文化交流和互鉴。

第五节　创新和发展

在西部地区，非遗项目承载着丰富的传统技艺和民间文化，它们不仅是历史的见证，更是文化的瑰宝。然而，随着时代的发展和社会的进步，人们对非遗的传承和创新也提出了更高的要求。在这一背景下，西部非遗项目在传承与创新中焕发出新的活力，为当地经济、教育和旅游业的发展注入了新的动力。

西部非遗项目在传承与创新中寻求突破。许多非遗传承人致力于对工艺的设计创新，使非遗项目更加贴近现代人的生活和审美需求。他们通过深入研究传统技艺，结合现代设计理念，对非遗产品进行二次创作，使其既保留了传统文化的精髓，又符合现代人的审美观念。这种创新方式让非遗项目焕发出新的活力。

西部非遗项目通过创新方式助力当地经济发展。一些地区通过将非遗技艺与现代设计相结合，开发出具有市场潜力的产品，如西安唐妞、不倒翁小姐姐等。这些文创产品不仅具有独特的艺术价值，还具有很高的实用价值，深受消费者喜爱。同时，他们还通过与电商平台的合作，拓宽销售渠道，提高产品的知名度和竞争力。这种"非遗+电商"的模式不仅为传承人带来了可观的收入，也为当地经济发展注入了新的活力。

西部非遗项目在教育领域也起到了引导作用。为培养更多对传统文化有兴趣的年轻人，一些学校和教育机构将非遗技艺引入课堂。他们邀请非遗传承人走进校园，为学生们展示和传授技艺，让学生们在亲身实践中了解和掌握非遗技艺。这种教育方式不仅引发了学生们对传统文化的兴趣，也让他们在实践中感受到了传统文化的魅力。同时，一些非遗项目还与现代科技相结合，开发出具有教育意义的应用程序和游戏。这些应用程序和游戏以趣味互动的方式向公众介绍非遗文化，让人们在娱乐中了解和学习非遗知识。

西部非遗项目在旅游领域也实现了创新发展。为了吸引更多游客前来参观和体验非遗文化，一些地区将非遗文化融入旅游开发中。他们打造具有地方特色的旅游产品，如非遗文化体验馆、非遗主题酒店等，让游客在旅游中深入了解非遗文化。这种将非遗文化与旅游相结合的方式不仅丰富了旅游的文化内涵，也促进了非遗文化的传承和发展。同时，旅游业的发展也为当地带来了可观的经济收益，实现了文化与经济的双赢。

西部非遗的精神内涵是多维度、多层次的，既体现了对大自然的敬畏与顺应，又突出了对家族和社区的重视，以及对历史与文化的传承和弘扬。在这些传统观念的背后，西部非遗也体现出了对个体和群体的认同与尊重，对创新和发展的追求等现代价值观。在西部广袤的土地上，非遗项目不仅是一种传统文化现象，更是西部人民在长期生活实践中积累的智慧结晶。这些精神内涵是西部地区人们独特的生活方式、价值观念和审美情趣的集中体现，它们共同构成了西部非遗深厚的文化底蕴和精神内涵。深入了解和学习西部非遗的精神内涵，有助于我们更全面地认识和理解西部地区丰富的历史文化和传承。在这个过程中，我们不仅可以感受到西部地区独特的民族风情和传统艺术魅力，还可以更好地促进文化多样性的保护与发展。然而，随着现代化进程的加速和全球化的冲击，许多非遗项目正面临着前所未有的生存危机。因此，我们更应该意识到非遗传承的重要性。只有我们共同努力、积极参与到非遗的保护与传承工作中来，才能确保这些珍贵的文化遗产得以延续，并在新的时代背景下焕发出更加绚丽的色彩。

第五章

❦

西部非遗的现状与前景展望

随着现代化工业进程的加速和全球化的冲击，西部非遗面临着前所未有的挑战和机遇。西部非遗发展现状蒸蒸日上，前景广阔。随着国家政策的支持，西部非遗保护与传承工作日益增长。西部地区拥有丰富的非遗资源，通过数字化等创新手段，如"非遗+电商""非遗+旅游"等模式，使非遗产业逐渐焕发活力。同时，也需要加强非遗传承人的培养和非遗项目的活化利用，以确保非遗文化的持续传承和繁荣发展。未来，随着政策的进一步推动和市场的不断拓展，西部非遗必将迎来蓬勃发展的美好明天。

第一节　西部非遗的现状

一、西部非遗的机遇

（一）政策支持

西部地区各级政府对非遗文化的保护与传承给予了高度的重视，制定了一系列政策措施，包括非遗名录的认定、传承人的培训与资助、非遗项目的扶持等，为非遗保护与传承提供了有力的保障。2003年出台《保护非物质文化遗产公约》，2005年印发《关于加强我国非物质文化遗产保护工作的意见》，2011年颁布《中华人民共和国非物质文化遗产法》，2017年批准通过了《关于实施中华优秀传统文化传承发展工程的意见》和《中国传统工艺振兴计划》，2023年推出《推动非物质文化遗产与旅游深度融合发展》等相关文件。2024年中央一号文件发布，提出实施乡村文旅深度融合工程，提升乡村产业发展水平，促进农村一、二、三产业融合发展。

（二）文旅产业兴起

随着国内旅游市场的不断壮大，西部地区以其独特的自然景观和人文资源吸引了大量游客。西部非遗项目众多，是旅游的重要组成部分之一，文化与旅游的结合是促进地方经济收入的驱动力。许多非遗项目可以通过旅游平台进行展示和推广，为传承人带来经济效益，同时也为游客提供丰富的文化体验。与此同时，中国文旅行业也受到各级政府的高度重视和国家产业政策的重点支持。国家陆续出台了多项政策，鼓励文旅行业发展与创新，《文化和旅游标准化工作管理办法》《国家级旅游度假区管理办法》《文化和旅游规划管理办法》等产业政策为文化旅游行业的发展指明了广阔的市场发展前景，为企业提供了良好的生产经营环境。西部地区的非遗文化资源逐渐被开发利用，成为旅游的重要内容。非遗文化旅游的兴起不仅带动了地方经济的发展，还为非遗文化的传播与推广提供了更广阔的平台。例如，大理周城文旅产业是一个融合了白族文化、自然景观和手工艺制作的旅游村（图5-1、图5-2）。周城是大理市喜洲镇的一个村庄，拥有丰富的历史文化遗产和美丽的风景。在这里，游客可以欣赏到白族的传统建筑、歌舞表演和手工艺品。这里有许多手工艺品制作作坊，如扎染、刺绣、银饰等。这些作坊传承着白族的传统手工艺技艺，制作出的手工艺品具有较高的艺术价值和收藏价值。游客参观体验当地手工艺品的

▲ 图5-1 大理周城（来源：多鱼的世界地图）

◀ 图5-2　云南的扎染（来源：吾馨"AI生成"）

制作过程，了解学习相关工艺制作技艺，同时也可购买相关文创产品，带动地区经济发展。

（三）乡村振兴战略的推动

乡村振兴战略为西部非遗的发展提供了有力支持。2022年2月22日，《中共中央国务院关于做好2022年全面推进乡村振兴重点工作的意见》发布，提出"启动实施文化产业赋能乡村振兴计划"。农文旅融合发展是赋能乡村振兴的重要抓手，通过文化重构、旅游开发、城乡互动的方式，助推乡村要素增值、结构优化与功能升级。这一模式旨在实现"1+1＞2"的效果，进一步促进农民增收、农业增效、农村增值，推进乡村全面振兴。在乡村振兴过程中，许多传统村落得以保留和改造，非遗项目作为村落文化的重要组成部分，也得到了更多的关注和支持。这为非遗技艺的保护和传承提供了更好的环境和条件。

（四）非遗传承人的培养

为了更好地保护与传承非遗，西部地区采取了一系列措施，包括设立非遗传承人制度、开展非遗传承人培训等。这些措施的实施，为非遗文化的传承提供了人才保障。传承人是非物质文化遗产的重要承载者和传递者，他们以超人的毅力、敢于挑战困难永不言弃的精神承载着非物质文化遗产相关的文化传统和精湛的技艺，他们既是非物质文化遗产活的宝库，又是非物质文化遗产世代相传的"接力赛"中处在当代起跑点上的"执棒者"。而积累的核心是传承者的创新。其中，宝鸡凤翔的马勺脸谱开创者——李继友先生，在继承陕西社火脸谱的基础上，将社火脸谱与民间流传的避邪马勺相结合，创作出社火马勺脸谱新的艺术，使濒临灭绝的社火脸谱有了新的绘画载体，源于化妆表演的形式更具有了装饰性。为了更好地传承，李继友的女儿——陕西省工艺美术大师李舸毅然辞职，专业从事社火脸谱的创新发展与传承。父女俩绘制作品数以万计，手绘社火脸谱手稿四千余份，出版多本画册。作品已形成独有的绘画风格（图5-3）。

▲ 图5-3 李继友和李舸老师（李舸 供图）

"花脸张"原名张星，中国十佳民间艺人，陕西省工艺美术大师、宝鸡社火脸谱博物馆馆长（图5-4），陕西省省级非物质文化遗产社火脸谱绘制技艺代表性传承人，曾出版木刻手绘线装书《张星社火脸谱粉本》，填补了手工书籍原生态的空白。张星绘制的脸谱在保持传统的基础上，博采众长，勇于创新。其脸谱色彩鲜艳，图画传神，线条突出，独具特色。中国民协主席冯骥才观看其马勺脸谱作品后，大加赞赏："宝鸡文化浓似酒，张星马勺艳如花"。张星在第三届中国（福保）全国乡村手工艺展览会上被授予"中国最受欢迎的非遗传承人"称号，在中国民间文艺家协会主办的"第四届中国艺人节"活动中荣获"中国十佳民间艺人"称号。

（五）非遗文化的研究与推广

西部地区通过举办学术研讨会、出版非遗文化书籍、开展非遗文化进校园（图5-5）等活动，提高了人们对非遗的认识与了解，进一步推动了非遗的传承与发展。非遗进校园旨在将非物质文化遗产带入校园，让学生们近距离感受我国传统文化的魅力，了解传统文化的历史渊源、传承发展，增强文化自信和传承意识。

目前而言，西部地区的非遗呈现出较缓慢上升的态势，但仍面临着一些挑战和问题。为了更好地保护与传承非遗，需要继续加强政策支持、人才培养、研究推广等方

▲ 图5-4 张星（传承人 供图）

面的工作。同时，还需要加强与东部地区的交流与合作，共同推动全国非遗的繁荣发展。

（六）数字化技术的助力

数字化技术的发展为非遗保护和传承提供了新的途径。通过数字化技术，可以将非遗技艺进行数字化记录和保存，使后人能够更加深入地了解和传承这些技艺。同时，数字化技术也可以为非遗项目提供更多的展示平台和传播渠道，扩大其影响力。

（七）国际文化交流的增加

随着国际文化交流的增加，西部非遗有机

▲ 图5-5　非遗进校园（作者　摄）

会走出国门，向世界展示其独特的魅力。通过参加国际文化节、艺术展览等活动，西部非遗可以获得更广阔的发展空间，与世界各地的文化进行交流与碰撞。

二、西部非遗的挑战

西部非遗，作为中华文化的重要组成部分，承载着丰富的历史记忆和民族智慧。然而，在全球化和现代化浪潮的冲击下，西部非遗的生存和发展面临着一系列挑战。

（一）生态环境恶化

由于工业化和城市化的发展进程加快，西部地区的生态环境面临严重威胁。因许多非遗项目与自然环境息息相关，如狩猎、采集、农耕等，环境恶化导致这些非遗项目的生存基础受到破坏，许多技艺和习俗逐渐消失。

（二）传承断层

因城乡发展资源不平均，乡镇劳动力向城市单向流入。农村留守人员对非遗的重视程度和审美能力不足，非遗在乡镇的发展空间越来越小，从事传承工作的人也越来越少，传承人出现高龄化、断代等现象。许多非遗技艺需要长时间的积累和实践，但现在的年轻人往往更倾向于现代文化，对传统技艺缺乏兴趣。因此，许多非遗传承人年事已高，而年轻人又不愿意继承，导致技艺传承出现断层。

（三）现代生活方式的冲击

随着现代科技的发展，人们的生活方式发生了巨大变化。传统的非遗技艺逐渐被现代技术所替代，如蒲城土织布是陕西省第二批非物质文化遗产项目，因选用棉花纯手工制作，质地柔软，吸湿性强，透气性好，又是绿色环保产品，而深受人们喜爱。现如今工业化进程加快，传统织布技艺被现代纺织机械技术取代，对蒲城土织布非遗技艺产生了一定的冲击。

（四）保护意识不足

尽管政府和社会对非遗保护的重视程度逐渐提高，但由于宣传力度不够和受众认知不足，很多人对非遗的价值和意义并不了解，导致非遗项目在日常生活中逐渐被边缘化，甚至被遗忘。

（五）经济利益的追求

在市场经济环境下，许多非遗项目面临着经济利益的挑战。一些传承人为了追求短期经济利益，可能会对技艺进行过度商业化和简单化处理，导致技艺丢失了其本质和内涵。

（六）缺乏创新设计

一些非遗项目在传承过程中过于保守，缺乏创新，无法与现代社会和市场需求相结合，限制了项目多元发展的可能性。

西部非遗的传承和发展是一个漫长而曲折的过程，需要政府、社会和每一个人共同努力去保护、传承、发展和创新，才能让西部非遗文化在新的时代背景下焕发出更加绚丽的光彩。

第二节　西部非遗的前景展望

一、西部非遗的保护措施

制定保护法律法规和政策措施，这是非遗保护的基础。通过制定法律法规，明确非遗的定义、范围、保护措施等为非遗保护提供法律保障。

（一）非遗保护名录及传承人认定机制

设立非遗保护名录和传承人认定机制是保护西部非遗的重要措施，对具有重要价值的非遗项目进行记录、整理和评估并将其列入非遗保护名录，同时，认定非遗传承人，鼓励他们开展非遗传承活动，为培养后继人才做贡献。在设立非遗保护名录时，需要进行全面而系统的调研活动，深入了解西部地区非遗资源的种类、分布、现状和传承情况等。同时，应充分参考专家学者、非遗传承人及社会各界的意见，确保列入名录的项目具有重要价值。此外，建立动态的管理机制，对保护名录进行定期的评估和调整，以顺应非遗保护工作的开展。

在认定非遗传承人方面，需要制定科学的标准和程序，确保传承人的技艺水平、代表性、影响力和传承能力得到公正、客观的评估。同时，应给予认定的传承人相应的荣誉和待遇，如颁发证书、提供传承场所、给予资金支持等，以鼓励他们积极开展传承活动。通过与相关部门、社会团体和民间组织的合作与协调，形成合力，共同推动西部非遗的保护和传承工作稳步向前。

（二）非遗普查和资料整理工作

开展非遗普查和资料整理工作是保护西部非遗的基础性工作。通过全面普查，掌握非遗项目的第一手资料。普查可以采用多种方式进行，如实地调查、访谈、问卷调查等，以便获取更全面、准确的信息。

在普查的基础上，需要对所得资料进行整理、分类和归档。这一过程需要建立科学的分类体系和标准，确保资料整理的规范性和系统性。注重资料的完整性和准确性，对缺失或错误的信息进行补充和修正。

建立非遗数据库是资料整理工作的重要环节。通过数据库的建立，可以将非遗资料进行数字化存储和管理，便于数据的查询、分析和利用。数据库应具备检索、查询、更新和维护等功能，以满足后续保护工作的数据需求。

对西部地区的非遗资源进行全面普查，了解非遗项目的现状、分布、传承情况等。对普查所得资料进行整理、分类和归档，建立非遗数据库，为后续的保护工作提供数据支持。开展非遗普查和资料整理工作是保护西部非遗的重要前提。只有通过全面、系统的普查和整理，才能更好地了解非遗资源的现状和特点，为后续的保护工作打下坚实的数据基础。

（三）非遗教育普及、培训工作

开展非遗教育普及活动，如举办非遗讲座、展览、文化节等，提高受众对非遗的认识和保护意识。通过教育普及，可以提高受众对非遗项目的认知度和保护意识。同时，针对非遗传承人和研究者的专业培训也是必不可少的，有助于提升他们的技能水平和研究能力，推动非遗的保护和传承工作向前发展。

举办非遗讲座、展览和文化节等活动是一种有效的教育普及方式。通过这些活动，可以让受众更加直观地了解非遗项目的历史、文化、技艺等方面的知识，感受到非遗的独特魅力和价值。此外，这些活动还可以邀请非遗传承人进行现场演示和教学，让受众亲身体验非遗技艺，增强对非遗保护的认同感和参与感。

通过培训可以提高传承人的技艺水平和研究能力，帮助其更好地传承和发展非遗项目。培训内容可以涵盖非遗技艺、保护方法、制作方法等方面，邀请专家学者进行授课和指导。此外，组织交流活动和实地考察，多方相互学习、分享经验，共同推动非遗保护事业的发展。

除以上措施外，还可以利用现代技术手段加强非遗教育普及和培训工作，以适应时代发展趋势。例如，开发非遗相关的数字化资源，方便受众随时随地学习和了解非遗知识；通过在线课程、网络直播等形式，拓宽非遗教育普及的渠道；利用社交媒体等平台，加强非遗信息的传播和推广。

（四）鼓励非遗项目与旅游、文化产业融合发展

将非遗项目融入旅游开发，打造具有地方特色的文化旅游线路和产品，促进非遗的推广和经济效益的提升。同时，鼓励文化产业与非遗项目结合，开发具有创新性和市场竞争力的文创产品和旅游服务。

西部地区拥有丰富的非遗资源和独特的民族文化，为旅游业提供独特的吸引力和竞争优势。通过将非遗项目的旅游线路进行合理规划，把文化创意融入产品设计中，可以

增加旅游的文化内涵和价值体验，吸引更多游客前来参观。同时，旅游开发也可以为非遗传承人提供更多的经济来源和推广平台，促进非遗的保护和传承工作顺利进行。

鼓励文化产业与非遗项目结合，开发具有创新性和市场竞争力的文化产品和旅游服务。非遗项目蕴含了多样的文化元素，为文化产业提供源源不断的灵感和素材。通过与文化产业合作，将非遗元素融入文化产品和服务中，创造出具有特色的文化品牌，并提升市场竞争力。

为促进非遗项目与旅游、文化产业的融合发展，需要采取一系列措施。首先，需要加强政策支持和资金投入，鼓励企业和个人参与非遗保护和产业发展。其次，需要加强非遗项目与旅游、文化产业的对接合作，促进资源共享和优势互补。此外，还需要加强人才培养和交流，提高相关从业者的技能水平和文化素养。

鼓励非遗项目与旅游、文化产业融合发展是非遗保护工作的重要方向之一。通过将非遗项目融入旅游开发和文化产业，可以促进非遗的传播和经济效益的提升，同时为相关产业提供新的发展动力和创意资源。

（五）加大对非遗项目的资金投入和宣传推广力度

通过政府拨款、社会捐赠等方式，为非遗项目提供充足的资金支持，确保非遗保护工作的顺利进行。同时，利用媒体、社交平台等渠道加大对非遗的宣传推广力度，提高其知名度和影响力。此外，可以设立非遗保护基金，吸纳社会各界的资金支持，用于非遗项目的保护、传承和推广。

宣传推广是非遗保护工作的重要环节，通过加大对非遗的宣传推广力度，提升非遗的知名度，增强受众对非遗的认知和保护意识。可以利用传统媒体如电视、广播、报纸等渠道进行宣传推广，也可以利用社交平台、网络直播等新媒体渠道进行线上宣传推广。通过举办非遗展览、演出、文化节等活动，让更多人了解和接触到非遗项目，提高其社会关注度和影响力。

西部非遗是中华文化的重要组成部分，具有独特的历史、文化和艺术价值。制定西部非遗的保护措施可以更好地保护和传承西部非遗，促进其可持续发展，提升西部地区文化软实力和国际竞争力。

二、西部非遗的未来展望

在浩瀚的历史长河中，西部地区的非物质文化遗产如同一颗颗璀璨的明珠，镶嵌在中华文化的瑰宝之中。它们承载着千年的智慧与情感，是连接过去与未来的桥梁。展望未来，西部非遗将在多个维度绽放出更加耀眼的光芒，成为推动文化繁荣、促进经济发展的重要力量。

（一）政策引领，体系更完善

随着国家对非物质文化遗产保护工作的日益重视，西部地区将得到更加全面、系统的政策扶持。政府将加大资金投入，完善非遗保护的法律体系，明确非遗项目的保护范围、保护措施和法律责任。同时，建立更加科学、合理的非遗传承人认定和管理机制，为非遗传承提供坚实的制度保障。此外，还将推动非遗保护与社会发展、乡村振兴等战略相结合，实现非遗保护与经济社会发展的良性互动。

（二）传承创新，焕发新生机

在传承与创新并进的道路上，西部非遗将展现出前所未有的活力。一方面，西部地区将深入挖掘非遗文化的内涵和价值，通过举办非遗节庆活动、非遗进校园、非遗进社区等形式，加强非遗文化的普及和传承。同时，注重培养年轻一代的非遗传承人，为他们提供更多的学习和实践机会，确保非遗文化得以薪火相传。另一方面，西部地区将积极推动非遗文化的创新发展。利用现代科技手段对非遗进行创造性转化和创新性发展，开发出更多符合现代审美和市场需求的非遗产品。这些产品不仅保留了非遗文化的精髓和特色，还融入了时尚元素和现代设计理念，让非遗文化在现代社会中焕发新生机。

（三）市场拓展，提升品牌影响力

随着市场需求的不断增长和消费者文化意识的提升，西部非遗产品将迎来更加广阔的市场空间。西部地区将积极开拓国内外市场，通过电商平台、文化旅游、文创产品等多种渠道推广非遗产品。同时，加强品牌建设和市场推广力度，提升非遗品牌的知名度和影响力。通过举办非遗产品展览、非遗文化节等活动，吸引更多消费者关注和了解非遗文化。此外，还将加强与国内外知名企业和品牌的合作与交流，共同推动非遗产品的市场化进程和产业化发展。

（四）国际互鉴，展现文化魅力

西部非遗作为中华文化的重要组成部分，将在国际舞台上展现出独特的魅力和价值。西部地区将积极参与国际非遗展览、演出等活动，与世界各国分享非遗文化的瑰宝和成果。通过国际交流与合作，学习借鉴国际先进经验和技术手段，推动西部非遗的现代化发展。同时，也将把西部非遗的前沿成果推向国际市场，让更多的人了解和喜爱中华文化。在国际舞台上展现西部非遗的独特魅力和价值，不仅有助于提升中华文化的国际影响力，还有助于促进中外文化的交流与互鉴。

（五）技术赋能，推动产业升级

随着科技的不断发展进步，西部非遗将借助科技的力量实现产业升级和转型。利用数字化技术对非遗进行记录和保存，建立非遗数据库和数字化展示平台，为非遗的保护和传承提供新的手段。同时，推动非遗产业与旅游、文化、科技等相关产业的融合发展，形成具有地方特色的非遗产业链和产业集群。通过科技赋能和产业升级提升非遗产业的整体竞争力和附加值，为西部地区的经济社会发展注入新的动力。

西部非遗的未来充满了无限的可能和机遇。在政策引领、市场拓展、国际互鉴、传承创新和技术赋能等多方面的共同推动下，西部非遗将绽放出更加耀眼的光芒，成为推动文化繁荣、促进经济发展的重要力量。

中 篇

西部非遗设计创新

西部非遗设计创新是传承和弘扬中华优秀传统文化的重要途径。在新时代背景下，我们要充分发挥西部非遗设计创新的优势，让传统文化焕发时代光彩，为实现中华民族伟大复兴的中国梦贡献力量。同时，我们也要认识到，创新不是简单的模仿和复制，而是要在尊重传统文化的基础上，进行有深度的创造性转化和创新性发展。这需要政策制定者、传承人、设计师以及市场参与者齐心协力，共同推动西部非遗设计创新走向更加广阔的未来。

　　非遗视觉元素符号具有独特的美学特质，以其丰富的呈现形式及深刻的寓意，成为当代设计语言的关键要素与设计意义拓展的重要载体，同时也是优秀传统文化传承的重要组成部分。将其融入现代设计中可强化产品的文化特色，提升其附加值。将西部非遗元素融入设计的过程中，设计师需要提取非遗元素，确定其核心特征，并将其符号化，常用的方法包括对非遗资源蕴含的主题、图案、造型、纹饰等设计元素完成分析、解构、提炼、重组等。

　　通过不断的实践和探索，结合现代数字化技术，西部非遗设计创新必将在保护和传承文化遗产的同时，为我国的文化产业发展注入新的活力。

第六章

❧

乡村振兴战略推动下的西部非遗

　　西部地区拥有丰富的自然景观、人文景观、民俗文化等乡村特色文化。习近平总书记在党的二十大报告中对如何全面推进乡村振兴作了全面部署，强调"发展乡村特色产业，拓宽农民增收致富渠道"。华侨大学旅游学院教授周春梅在《因地制宜发展乡村旅游》一文中指出乡村有着丰富的旅游资源，依托乡村生态资源和文化资源发展起来的乡村旅游是乡村特色产业的重要组成部分。新时代新征程，我们要立足乡村特色资源，因地制宜发展乡村旅游，不断提高乡村旅游发展质量，让乡村旅游越来越红火，为全面推进乡村振兴增添动力。

　　在乡村振兴战略的推动下，我国西部地区的非遗文化正迎来前所未有的发展机遇。乡村振兴为非遗保护提供了新机遇和广阔的发展空间。非遗作为我国优秀的传统文化，不仅承载着民族的历史记忆，更成为乡村振兴的重要资源。自乡村振兴战略实施以来，西部地区非遗项目的数量显著增长，涉及的门类也更加丰富。本书将通过案例分析，探讨设计如何赋能乡村振兴，为西部地区非遗的传承与发展做出贡献。

第一节　乡村振兴战略下西部地区非遗传承与发展

　　乡村振兴战略强调了文化传承的重要性，推动了传统文化的保护和传承工作。在国家政策的扶持下，通过保护和传承西部非遗文化，不仅激发了人们对于自身文化的认同感和凝聚力，增强了文化自信和文化自觉，还促进了西部地区农文旅的发展。

乡村振兴战略注重产业发展与文化传播相结合。西部地区的一些非遗项目具有独特的市场价值和产业潜力。例如，阳戏，也称面具阳戏或脸壳戏，是一种集祭祀礼仪与戏剧艺术于一体的民间戏剧，系武陵山区腹地重庆市酉阳县土生土长的地方剧种，被称为酉阳的文化地理标志。时代的变迁一度也让阳戏传承艰难，但伴随着乡村振兴战略的提出，当地大力发展文旅融合产业，阳戏作为一种极具地方特色的戏曲，成为吸引外地游客的一张名片，为乡村发展增添了独特的文化魅力。这一特色产业的发展，促进了当地经济的繁荣和发展，带动了相关产业链的形成和完善，创造了更多的就业机会，提高了当地居民的生活水平。同时，也为西部文化的传承和发展注入了新的动力和活力。

乡村振兴战略还强调社区参与和群众主体地位。非遗的传承与发展中需要充分尊重群众的主体地位和首创精神，引导他们积极参与非遗传承和保护工作，有助于形成全社会共同参与非遗保护的良好氛围，推动西部非遗文化的传承和发展。

乡村振兴战略指出要注重生态环保和文化可持续发展。非遗的传承与发展需遵循生态文明的理念，保护好自然环境和社会生态环境，避免过度开发和商业化对非遗资源造成破坏。同时，要注重文化的可持续性发展，确保非遗项目能够代代相传、历久弥新，这将有助于实现西部文化传承与发展的良性循环和可持续发展。

第二节　政策扶持与非遗保护

2024年5月，中国工艺美术馆（中国非物质文化遗产馆）党委书记王晨阳在广东深圳举行的"加强文化遗产的整体保护和活态传承"分论坛上表示，目前全国非遗工坊已达到6 700多家，其中2 100余家位于脱贫地区，覆盖102个国家乡村振兴重点帮扶县，为巩固脱贫攻坚成果、助力乡村振兴发挥了积极的作用。

2024年中央一号文件发布，提出要把"农文旅"融合发展成为现代乡村产业体系的重要抓手，这也是今后我国"三农"工作的重要部署。"农文旅"不是农业、文化和旅游的简单叠加。要想实施农文旅融合发展，首先要搞清楚农文旅的本质。2021年以来，文化和旅游部会同人力资源和社会保障部、国家乡村振兴局共同支持地方开展非遗助力乡村振兴工作，带动了当地群众就近就业、增收致富。就业致富，积蓄乡村人才；联动多方力量，拓展销售渠道；以文塑旅，以旅彰文。四川、贵州等地专门在A级旅游景区设立非遗工坊产品展示销售区，拓展非遗工坊产品的销售渠道。

在贵州的某个偏远村落，苗族银饰（图6-1）锻制技艺作为当地的非物质文化遗产，具有深厚的历史文化底蕴和独特的艺术价值。然而，随着现代化进程的加快，这一传统技艺面临着传承困难、市场萎缩等问题。为了保护和传承这一非遗技艺，同时推动乡村振兴，当地政府采取了一系列政策扶持措施。

一、资金支持

为了深入贯彻对非物质文化遗产保护与传承的坚定决心，政府特别设立了一项专项资金，旨在全面支持苗族银饰制作技艺这一珍贵的文化瑰宝的传承与发展。资金的首要用途是改善传承

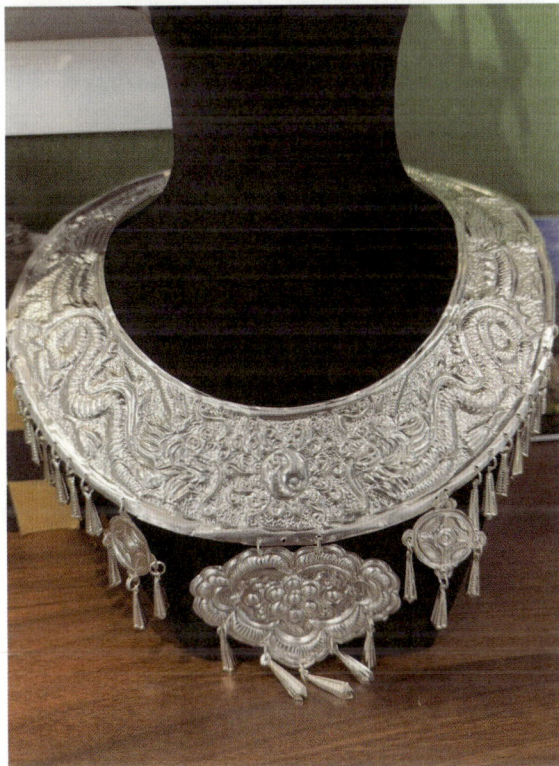

▲图6-1　苗族银饰（来源：内蒙古自治区鄂尔多斯市康巴什区实验中学 李源瀚）

人的工作环境，为他们提供更为舒适、安全的创作空间，使他们能够心无旁骛地投入到银饰制作中，从而创作出更多精美的作品。专项资金还用于购买高质量的原材料。苗族银饰以其独特的工艺和材质而闻名，因此，确保原材料的优质性对于制作出高品质的银饰至关重要。政府通过专项资金的支持，为传承人提供了充足的资金，以便能够采购到最好的银料和配件，进一步提升了银饰的品质和价值。

二、技艺培训

政府组织了一系列技艺培训活动，旨在提高当地苗族群众对银饰制作技艺的认识和兴趣，同时积极鼓励年轻一代学习并继承这一独特的传统技艺。这些培训活动特别邀请了技艺精湛、经验丰富的传承人担任讲师，他们不仅传授制作银饰的手工艺，还分享了自己多年的创作心得和体会。通过观看现场演示、实际操作和互动交流等方式，学员们能够深入了解苗族银饰的制作流程、工艺特点和文化内涵。为了让更多人参与进来，政府还加大了宣传力度，通过社区广播、宣传栏、网络平台等多种渠道向当地苗族群众普及银饰制作技艺的重要性和价值。同时，政府还积极与学校合作，将银饰制作技艺纳入学校课程，在实践中激发学生对银饰制作技艺的兴趣和热情。

三、市场拓展

政府通过举办银饰文化节、参加国内外展览等方式，提高苗族银饰的知名度和美誉度。同时，积极开拓线上市场，将银饰产品销售到全国各地甚至海外。银饰文化节成为展示苗族银饰独特魅力的舞台，来自各地的苗族银饰传承人齐聚一堂，展示他们的精湛技艺和精美作品。文化节上，不仅有银饰制作技艺的现场演示，还有银饰设计大赛、银饰品鉴会等丰富多彩的活动。这些活动吸引了大量游客和媒体的目光，让更多人了解苗族银饰的工艺和价值。同时，政府还积极组织苗族银饰参加国内外展览。这些展览为苗族银饰提供了一个更广阔的展示平台，让更多人有机会亲眼看到苗族银饰的独特魅力。在国内外展览中，苗族银饰凭借其独特的工艺和文化内涵，赢得了观众和评委的高度赞誉。这不仅提高了苗族银饰的知名度，也增强了其国际影响力。

四、旅游开发

依托苗族银饰制作技艺，开发乡村旅游项目。游客可以参观银饰制作工坊，体验制作过程，购买银饰产品，等等。这不仅增加了村民的收入，也促进了当地经济的发展。

通过政策扶持和技艺培训等措施，苗族银饰制作技艺得到了有效的发展与传承。越来越多爱好这门技艺的年轻人开始学习制作苗族银饰，延续了这一技艺的传承与创新。银饰产品的市场拓展和乡村旅游的开发，为当地村民带来了可观的收入，提高了村民的生活水平，推动了当地经济的发展。苗族银饰制作技艺的传承与发展，丰富了当地的文化生活，促进了苗族文化的传承与创新。这种文化的繁荣不仅提高了村民的文化自信心和自豪感，也为乡村振兴注入了新的活力。与此同时，政策扶持下的非遗保护工作吸引了社会各界的广泛参与。企业、学校、研究机构等都积极参与到苗族银饰制作技艺的传承与发展中，形成了全社会共同关注和支持非遗保护的良好氛围。

本案例说明了乡村振兴政策扶持与西部非遗保护之间存在紧密联系。通过政策扶持和多方参与，苗族银饰制作技艺得到了有效传承和发展，同时为当地经济发展和文化繁荣注入了新的活力，也为其他地区的非遗保护和乡村振兴提供了有益的借鉴和启示。

第三节　乡村振兴战略下西部地区非遗传承与发展的对策建议

（一）加强非遗保护意识

提高全社会对非遗保护的认识，加强非遗保护的宣传和教育，使更多人了解非遗的价值和重要性。建立健全非遗保护法律法规体系，完善非遗保护政策，为非遗传承与发展提供法律保障。

（二）建立健全非遗保护机制

设立专门的非遗保护机构，加强对非遗项目的调研、整理和传承工作。建立非遗传承人认定和激励机制，提高传承人的社会地位和经济待遇，吸引更多年轻人参与到非遗传承中来。加大对非遗项目的资金支持，设立非遗保护专项资金，用于非遗项目的抢救性保护、传承发展等。

（三）推动非遗与产业融合发展

深入挖掘非遗资源，发挥其独特的文化魅力，打造非遗文化旅游品牌，推动非遗与旅游产业的融合发展。引导非遗传承人和相关从业者创新设计，开发特色非遗产品，提升产品附加值，促进非遗与手工艺产业的融合发展。加强非遗与现代科技的结合，利用数字化、互联网等现代技术手段，拓宽非遗传播渠道，提高非遗传承和发展的效率和质量。

（四）加强非遗教育与传播工作

在学校教学中加强非遗文化的教育，培养学生对非遗的认知和兴趣，为非遗传承培养后备人才。加强非遗文化的传播工作，利用新媒体平台等渠道，将非遗文化推广给更多的人群，提高非遗的知名度和影响力。组织非遗文化展览和演出，让更多人亲身感受非遗文化的魅力。

（五）加强政府支持与社会参与

政府应加大对非遗项目的资金支持和政策扶持力度，为非遗保护和传承提供有力保障。

鼓励社会各界人士参与到非遗保护和传承中来，形成全社会共同关注和支持的良好氛围。建立健全非遗保护工作的监督和评估机制，确保非遗保护和传承工作的有效实施。

西部地区非遗传承与发展需要全社会的共同关注和支持。加强非遗保护意识、建立健全非遗保护机制、推动非遗与产业融合发展、加强非遗教育与传播工作以及加强政府支持与社会参与等措施的实施，可以进一步推动西部地区非遗的传承与发展，为乡村振兴战略的实施提供有力支持与保障。

第四节　产业融合与非遗创新

产业融合与非遗创新是新时代背景下推动我国文化产业发展的关键。通过产业融合，非遗可以焕发新的生命力，为现代产业注入文化内涵。随着我国经济的快速发展，产业融合已成为推动产业转型升级的重要途径。非遗作为我国传统文化的瑰宝，承载着丰富的历史、文化、艺术价值。如何将产业融合与非遗创新相结合，成为新时代背景下有待解决的问题。

凤翔泥塑，作为陕西地区具有悠久历史的非遗项目，一直以来都以其精湛的手工艺和独特的艺术风格吸引着人们的目光。然而，在现代化的冲击下，凤翔泥塑在传承非物质文化遗产、弘扬古雍州民间艺术方面也面临着传承难、市场小等问题。为了推动非遗的创新发展，凤翔泥塑工坊进行了现代化转型，实现了产业融合与非遗创新的完美结合。

一、产业融合措施

传统技艺与现代设计的结合：凤翔泥塑传习所在保持传统技艺的基础上，积极引入现代设计元素，将传统泥塑与现代审美相结合，推出了一系列符合市场需求的泥塑作品。这些作品不仅具有浓郁的地方特色，还融入了当代审美观念，深受消费者喜爱。

文化旅游与产业融合的尝试：凤翔泥塑工坊充分利用陕西丰富的旅游资源，重新规划并改造升级了泥塑村，将泥塑制作技艺与旅游文化相结合，打造了一条集制作、展示、销售、体验于一体的文化旅游线路。游客在参观过程中，可以亲自体验泥塑制作的乐趣，感受传统文化的魅力。

线上线下的销售模式：凤翔泥塑工坊在线下设有实体店，还积极开拓线上市场，通过电商平台、社交媒体等渠道进行线上销售。这种线上线下相结合的销售模式，拓宽了销售渠道，提高了品牌知名度和影响力。

二、非遗创新方法

技艺传承方式创新：凤翔泥塑工坊注重技艺传承方式的创新，通过定期开设培训班、举办技艺大赛、"手艺·守艺——坚定文化自信、点亮精神火炬"中国工艺美术科普教育周等方式，吸引更多年轻人参与到泥塑技艺的学习和传承中来。工坊还积极与高校合作，共同培养非遗传承人才，为非遗的传承和发展注入了新的活力。图6-2为陕西科技大学设计与艺术学院视觉传达专业学生在泥塑世家胡小红工作坊学习和实践考察。

文化产品创新：在保持传统泥塑技艺的基础上，凤翔泥塑工坊不断推出新的文化产品，如泥塑纪念品、泥塑艺术品等。这些产品具有观赏性和收藏价值，也融入了现代设计元素，使得传统文化与现代生活相结合，更加符合现代消费者的审美需求。

市场营销策略创新：凤翔泥塑工坊注重市场营销策略的创新，通过办文化展览、参加国际交流活动等方式，提高品牌知名度和影响力。同时，工坊还积极与旅游企业合作，开发文化旅游线路，在旅游景点销售文创产品，为游客提供更加多元的旅游体验。

▲ 图6-2　陕科大学生学习现场（作者　摄）

凤翔泥塑工坊的现代化转型是产业融合与陕西非遗创新的一个典型案例。通过传统技艺与现代设计的结合、文化旅游与产业融合的尝试，以及线上、线下的销售模式等措施，凤翔泥塑工坊成功地将非遗文化与现代市场相结合，实现了非遗的创新发展。

第五节　文旅融合与非遗推广

文旅融合作为我国文化产业发展的新趋势，为非遗保护与推广提供了广阔的平台。非遗作为中华民族优秀传统文化的重要组成部分，承载着丰富的历史记忆和文化基因。

陕西华县皮影戏，作为国家级非物质文化遗产，以其独特的艺术形式和精湛的技艺，深受人们喜爱。近年来，为了推广和传承非遗文化，陕西华县将皮影戏与当地旅游文化相结合，打造了一系列文旅融合产业（图6-3），取得了显著成效。

▲图6-3　皮影艺术（作者　摄）

一、文旅融合措施

文化演出与旅游相结合：陕西华县建立"少华山国际皮影博览园"，游客在参观博览园的同时，还可以学习皮影文化。国家级非遗项目华州皮影戏制作技艺代表性传承人薛宏权成立的华州宏权影艺文化传媒发展有限公司，在皮影戏创作方面进行了创新，代表作为大型原创多媒体皮影剧《惩恶扬善小哪吒》。一场古老的皮影表演与现代舞台的声、光和多媒体艺术的巧妙结合，使游客们耳目一新，文化演出为游客们提供了一场视听盛宴。

非遗体验活动：华州非遗传习馆为了让游客更深入地了解皮影戏的制作技艺和表演艺术，推出了非遗体验活动。他们可以亲自参与皮影戏的制作和表演过程，感受传统文化的魅力。

文化节庆活动：陕西华县利用传统节日和节庆活动，举办皮影戏主题的文化节庆活动。这些活动不仅吸引了大量游客前来观赏和参与，还提高了非遗文化的知名度和影响力。

二、非遗推广成效

提升非遗知名度：通过与旅游的结合，陕西华县皮影戏的知名度和影响力得到了显著提升。越来越多的游客通过旅游了解并喜爱上了这项非遗文化。

促进非遗传承：非遗体验活动的推出，激发了他们对传统文化的兴趣和热爱。这不仅为非遗传承人提供了更多的展示和传承机会，还促进了非遗文化的传承和发展。

带动地方经济发展：文旅融合项目的实施为游客提供了丰富多彩的旅游体验，还带动了当地经济的发展。旅游消费和相关产业的发展，为当地带来了可观的经济收益。

陕西华县皮影戏通过文化演出与旅游相结合、非遗体验活动和文化节庆活动等多种方式，实现了非遗文化的推广和传承。这一案例为其他非遗项目的传承和发展提供了有益的借鉴和启示，同时也展示了文旅融合在推动地方经济发展和传承传统文化方面的重要作用。

第七章

❧

西部非遗设计

第一节　西部非遗的设计元素检索

　　西部非遗与西部人民的历史、生活、习俗文化紧密相连，体现在各种日常器物、民族服饰、民间工艺品、节庆活动以及古建筑中。非遗中呈现的文化符号记录了不同时代的自然风貌、社会结构、生活方式和科技发展，映射了人们的审美观念和价值追求，成为设计师们汲取创意灵感的丰富宝藏。能对西部非遗的设计元素进行有效检索非常重要。首先，在设计目标和定位明确的前提下，设计者通过分析当地的文化内涵，依据精神属性检索相应的文化符号。其次，通过分析元素的视觉属性、使用属性以及相关认知规律，设计师可以对候选元素进行筛选和确定。在具体的设计实施阶段，非遗设计元素检索系统提供不同形态的元素，为设计者提供大量的创意素材。

一、西部非遗设计元素的解析

　　为确保非遗文化素材的完整性和实用性，对非遗设计元素检索系统的信息框架进行了多方面设计。在精神属性方面，如符号名称、民族意象以及文化寓意等信息，以文字形式录入系统；在视觉属性方面，如符号的形状和色彩等信息，以图片为主，直观地进行比较；在使用属性方面，结合文字和图片两种形式进行描述；此外，还有认知度和识别度等量化指标，用于评估和筛选符号。

每个设计阶段对不同文化元素的信息需求各有侧重，属性是受众理解和认识文化元素的切入点，也是构成文化元素不同方面的设计要素。通过深入挖掘和解析这些属性，能够更精准地为设计作品赋予丰富的文化内涵和独特的艺术创新。

二、西部非遗设计规范

为确保检索系统与文化符号的高度匹配，设计者必须广泛搜集大量文化符号，完善各个属性维度。为高效完成此项任务，"朝乾夕惕"设计团队的设计师们对西部非遗的设计文化元素符号进行了提取，为其制定了一套规范性的操作指南。

同时，团队将邀请业界知名设计师和专家，深入探讨文化符号的核心属性，集齐不可或缺的信息要素。以下是对相关属性的详细阐释：

（1）名称

名称往往是对事物具体性质的抽象概括和表达。它如同标签一般，能够区分和识别不同的事物，是文化符号的首要标识。

（2）族群关联

文化符号与特定人群息息相关，族群意象是与特定文化符号相关的个人或群体的联想。此联想可能是这一文化符号最具代表性、公认度最高的群体。

（3）空间分布

文化符号总是在一定地域范围内流传、扩散，其流传空间随时间而变化。本研究中的空间意象旨在反映文化符号最具代表性的地域，也可能存在多个空间意象。

（4）意蕴

作为文化符号在精神层面的"所指"，它体现了人类精神和思想方面的内容，是蕴藏在文化符号中的社会内涵和审美情趣，如民族精神、心理意识和审美方式等，是设计师引发受众文化共鸣的关键所在。

（5）形态与色彩

文化符号的形态是指文化元素及其内涵在一定条件下表现的形式，而色彩则是文化元素外在情感的表达。

（6）材质与肌理

材质不同，肌理效果不同，文化元素给受众的感受也不同。

（7）装饰纹样

装饰纹样的题材主要以植物和动物居多，这些纹样除了具有装饰功能外，往往还蕴含着某种文化寓意。

三、西部非遗设计元素提取

（一）口头表述及其语言载体

口头表述及其语言载体是一种古老而充满活力的交流方式，它通过声音直接传达信息、情感和思想。在语言文化领域，它承载着丰富的历史记忆、民族特色和地域文化。

口头表述类的非遗主要包括口头传统和表现形式，如民间故事、神话传说、歌谣、谚语、说唱艺术等。这些口头文化遗产以其独特的方式，传递着人们的智慧、信仰和审美情趣（表7-1）。

表7-1　口头表述及其语言载体（自绘）

名称	图例	元素	形态取材	特征归纳	色彩
《格萨尔》			格萨尔画像 民间传说	史诗巨著 民族瑰宝 传承悠久 内容丰富 语言独特	黄色 蓝色 橘黄 红色
陕北民谚			陕西方言 文字	直抒胸臆 简练明快 富有节奏 寓意深刻 贴近生活	墨色
藏戏			博采众长 包罗万象	历史悠久 生动传神	浓墨 重彩
甘肃鼓乐			三弦 梆子 板胡 二胡 琵琶	粗犷雄浑 动力十足	黑色 棕色 红色

（二）传统表演艺术

传统表演艺术承载着中华民族的智慧、情感和记忆，具有极高的艺术价值和历史意义。

中国是一个多民族的文明古国，各族人民在长期的劳动和生活中，创造了上百种丰富多彩的表演艺术形式。这些艺术形式包括中国戏曲、木偶戏、皮影戏、杂技表演、中国民乐以及各少数民族的舞蹈和戏剧等。每种艺术形式都有其独特的魅力和风格，共同构成了一座绚丽夺目的艺术大宝库（表7-2）。

表7-2　传统表演艺术（自绘）

名称	图例	元素	形态取材	特征归纳	色彩
西安鼓乐		传统器乐 民间鼓乐 历史文化	曲调丰富 形式严谨 风格鲜明	古典庄重 独特音韵
川江号子		传统吹打乐 文化传承 川江文化	激昂豪放 高亢激越 独特吹打	深蓝
金桥吹打		民间传统 丰富曲牌 多样演奏	音正节稳 音质纯洁 音色明快	明快炫丽 色彩饱满
维吾尔族 木卡姆		弦乐器 打击乐器 吹奏乐器	地域特色 工艺精细 技巧独特	木质本色
安塞腰鼓		耕田 播种 收割	以鼓报警 以鼓助威 以鼓告急 以鼓为乐	红色 白色 米黄
藏族 锅庄舞		基本动作 节奏感 服饰文化	节奏感强 步伐独特 表现丰富	红色黄色 绿色蓝色 白色黑色

名称	图例	元素	形态取材	特征归纳	色彩
傣族孔雀舞		舞步律动 手式造型 舞蹈形态	优美轻盈 朴实矫健 感情含蓄	红色绿色 蓝色 黄色宝蓝 粉红
四川泸州雨坛彩龙舞		"龙出洞" "龙夺宝" "龙抱蛋" "龙擦痒"	动作丰富 道具精美	红色 绿色 蓝色 金色
川剧		历史背景 地域特色 民间传说 社会现实	唱腔丰富 行当齐全 服饰多样 妆容独特	红色黑色 白色黄色 青色蓝色 绿色
花灯戏		民间歌舞 地方戏曲 民间故事 民间传说	载歌载舞 唱做结合 道具丰富 剧目多样	红色黄色 绿色蓝色 紫色
秦腔		历史故事 民间故事 民间神话 现实生活	浑厚深沉 悲壮高昂 慷慨激昂 缠绵悱恻 细腻柔和 轻快活泼	红色黑色 白色绿色 蓝色黄色 金色银色
甘环县道情皮影戏		民间故事 历史事件 历史人物 风俗习惯 祭祀仪式	高亢激昂 神韵飘逸 栩栩如生 简单便携	蓝色白色 红色黄色 黑色紫色

（三）社会风俗、礼仪、节庆庆典

社会风俗是人们在社会生活中自发形成并被大多数人重复的行为方式，通常与特定社会、地区或群体的生活方式、价值观念、宗教信仰等密切相关。它是文化的重要组成部分，反映了人们的生活方式和文化特色。

社会风俗包括物质民俗、社会民俗、口承语言民俗和精神民俗。西部非遗领域有各种传统节日的庆典活动、婚丧嫁娶的仪式、饮食习俗等。这些风俗不仅是文化的传承，也是人们情感交流和身份认同的重要方式（表7-3）。

表7-3 社会风俗、礼仪、节庆庆典（自绘）

名称	图例	元素	形态取材	特征归纳	色彩
傣族泼水节			传达祝福 舞龙舞狮 打太平鼓	欢庆祈福 全民参与	红色 绿色 黄色
苗族鼓藏节			鼓藏头饰 经典饰样 银饰花簪	以大为美 以多为美 以重为美 苗族特色 工艺精湛	红色 橙色 黄色 蓝色 黑色
彝族火把节			节日民俗 传统纹样	祭祀盛典 狂欢节日 祈求丰收 民族特色 传统习俗	红色 橙色 黄色 蓝色 黑色
黄帝陵祭典			龙头 矫健威猛 精美绝伦 民间传说	气势恢宏 阵势浩大 庄重肃穆 历史悠久 文化传承	金黄 橙红 大红 大黄
四川自贡灯会			民间灯会 形态各异 精美绝伦 灯笼形态	绚丽多彩 匠心独运 传统创新 人山人海 光影交融	金色 黄色 紫色 绿色
宝鸡社火			凳子穿头 传统技艺 头部装饰	技艺高超 民俗风情 欢快喜庆	黄色 淡绿 蓝色 红色 粉色

（四）传统的手工艺技能

传统的手工艺技能是劳动人民在长期的生活中，为了满足物质生活需要，在不同的历史条件下，采用物质材料和技术手段进行人工造物，创造出符合审美需求的物品，也是人们对美好生活的精神追求。经过世代的传承和发展，传统的手工艺技能已成为我国优秀传统文化的宝贵财富（表7-4）。

表7-4　传统的手工艺技能（自绘）

名称	图例	元素	形态取材	特征归纳	色彩
重庆梁平木版年画			民间传统农耕文化神话传说	生动活泼乡土气息	饱和度高色彩丰富浓烈
延川剪纸			动物人物自然风物节令习俗	精巧民间风情剪裁独特	鲜艳红色明快
贵州苗绣			动植物人物神话传说自然景象	造型独特技法多样色彩丰富构图对称	红色黄色蓝色绿色
西藏唐卡			佛像菩萨罗汉佛教故事宗教符号	形式丰富表现独特色彩鲜艳	红色白色蓝色绿色黄色橙色
凤翔泥塑			瑞兽神兽风俗人物	造型夸张色彩艳丽形态可亲装饰华美	青色红色黑白黄色
四川竹纸			植物纤维	自然质朴坚韧舒适纤韧细腻	鹅黄米白淡黄
苗族银饰锻造			龙凤鱼鸟植物几何图案	以大为美以重为美种类繁多精美华丽	银白金黄红色绿色蓝色

第二节　非遗元素在文旅产业中的设计创新路径

▲图7-1　藏族非遗文化元素主题酒店的设计
（来源：小红书"凤飞居"）

一、旅游业主题酒店设计

旅游业主题酒店设计是实现文化价值和推动旅游发展的重要形式之一。这类酒店选择某非物质文化遗产的主要元素进行深度挖掘，将其融入建筑外观、空间布局和室内装饰之中，具有极高的文化内涵和体验价值。选择主题元素是设计的首要环节，主题元素选择需考虑某非物质文化遗产代表性作品的要素，如与之相关的造型和色彩等。这些要素蕴含丰富的文化内涵，具有较强的视觉冲击力，适于烘托酒店的氛围。例如：青海藏区的藏楼建筑，其白墙红顶、木质窗格等建筑特征可以作为酒店的设计主题元素；云南傣族服饰中红黑相间的色彩也可以作为主题元素进行运用。确定主题元素后，设计者需要对其寓意和文化内涵进行深入解读。

在建筑设计和外观塑造上，运用主题元素的特征，体现地域文化的特色。主题元素要贯穿在室内设计中，营造浓郁的文化氛围，还可以融入与主题元素相关的特色项目，如藏戏表演、传统工艺体验等，为游客提供多元化的文化体验。

如藏族非遗文化元素主题酒店的设计（图7-1），以藏族风俗习惯、历史背景等

为主题，通过装饰、色彩和布局等方面的设计，展现出藏族文化的深厚底蕴和独特魅力。在装饰过程中，采用藏族传统工艺品、建筑风格以及具有代表性的图案和纹样，如藏族特色的唐卡、转经筒、哈达等物品，以烘托酒店的藏族文化氛围。此外，可在墙面上采用藏式彩绘或石刻艺术展现藏族传统文化的魅力。

藏族非遗文化元素主题酒店设计巧妙地融合了多种设计手法：

（1）折角与平顶结合

折角屋顶是藏族建筑的显著特征，象征着山峰的轮廓。在酒店设计中，将折角与平顶结合，体现了藏族建筑的独特风格，还保证了建筑的稳固性和实用性。平顶部分可作为观景台或休闲区域，供宾客欣赏周围的自然风光，同时感受藏族文化的独特韵味。

（2）运用天然材料

酒店外墙大量采用当地天然石材和木材，这些材料不仅环保、可持续，而且其质朴的质感和色彩与藏族文化相得益彰。天然材料的运用还体现了对自然环境的尊重和保护，与藏族人民崇尚自然的生活理念相呼应。

（3）传统图案与雕刻

在酒店的外墙上，精心雕刻藏族传统的图案和纹样，如八宝纹、莲花纹等。这些图案既有民族特色，又富有现代感，蕴含着深厚的文化内涵。通过浮雕、镂空等雕刻手法，增加建筑的层次感和艺术感，使酒店外观更加引人入胜。

（4）空间布局

借鉴藏族传统民居的布局方式，设计开放式和围合式相结合的室内空间布局，营造出宽敞舒适且富有生活气息的住宿环境。客房内设置独立的工作区和休息区，以满足宾客多种体验需求。同时，通过巧妙的布局设计，创造安全与舒适的空间感。

（5）藏式家具与装饰

客房内有精美的藏式家具，还有藏式床幔、挂毯等软装饰，不仅展现了藏族独特的木雕艺术，更为客房增添了浓郁的藏族风情。这些软装饰的图案和色彩都与藏族文化紧密相连，让宾客在细节中感受到藏族文化的魅力。

藏族手工艺品唐卡具有精美的图案和鲜艳的色彩，为酒店空间增添了浓厚的艺术气息。可以设置唐卡绘制体验区，让宾客亲手体验这一独特的艺术形式。

（6）色彩与材质搭配

室内色彩以土黄、赫红等暖色调为主，用冷色调进行点缀，平衡整体视觉效果。材质选择上，选用天然的棉麻布料、羊毛织物等环保材料。整体温馨舒适，营造出家的感觉。

（7）光影效果

运用现代化的光影技术，巧妙布置灯光，可以营造出不同的光影效果和神秘浪漫的氛围。光影效果的运用不仅提升了酒店的空间品质和艺术感，还为宾客带来了独特的视觉享受。

文化主题酒店的设计需要对非物质文化遗产的主题元素进行深入理解，落实在建筑设计、室内设计、体验活动等方面。将文化内涵融入酒店的每个细节之中，需要设计者具有较丰富的文化理论知识。主题元素设计既要保持酒店本身的实用功能，又要符合现代人的审美需求。设计者在创新设计中如何兼顾传统文化的保护与传承，是设计过程中需要不断思考和权衡的问题。

二、交互式数字馆

数字技术的发展为非物质文化遗产提供了全新的展示和体验手段，为非遗的设计创新提供了新的载体。交互式数字馆通过数字化展示与互动，为游客带来沉浸式体验。

数字馆的建立首先需要对非物质文化遗产的制作工艺过程、场景等进行3D数字采集，需要精确地利用三维扫描、虚拟现实等技术手段记录和复制其形态特征和细节，借助计算机生成三维模型。数字化重建追求真实和细致，需要设计者对非物质文化遗产有深入的了解，并熟练掌握数字技术的表现手法，以产生数字化效果。

例如：作为中国四大传统节日之一的春节，入选了联合国教科文组织第一批国家级非物质文化遗产名录。2024年12月4日，我国申报的"春节——中国人庆祝传统新年的社会实践"通过评审，列入联合国教科文组织人类非物质文化遗产代表名录。春节申遗成功，意味着中国传统文化在全球范围内获得了更为广泛的认可和尊重，以及中国国际影响力的提升。以下作品为《红楼梦新年民俗文化符号与视觉设计研究》中的插画设计（图7-2），在Photoshop完成静态作品设计后，将所需动态化的符号图层进行分层处理，并导入到Adobe After Effects中，完成动态化效果制作，再将视频导入到AdobePremiere Pro中，添加音频，并附动态插画二维码观看路径（图7-3）。

▲图7-2 节日插画设计（杨光美 画）

▲图7-3 动画二维码

（来源：自制）

数字化呈现实现后，通过人机交互等形式让游客沉浸其中。这需要在数字模型的基础上增加交互设计，如触摸、手势等交互方式让游客从多角度观察工艺品细节；加入虚拟现实技术，通过VR眼镜等设备与用户互动，交互体验使其身临其境；设置体感装置，模拟真实场景让用户进行互动；增加虚拟人物和声音等要素，营造更为真实的体验氛围。数字馆还需要考虑展示设计，要提高数字展示的视觉冲击力，采用超高清大屏幕、多层次的画面手法等强化其视觉效果，运用灯光、音乐等技术手段营造视听盛宴。数字馆的空间布局也要保证交互体验的舒适性，数字化的整体设计打造了沉浸式的效果。

（1）动态化展示手法

利用数字化设备和创意设计，静态的展品转化为动态、可交互的展示内容。通过投影、屏幕等多媒体设备展示精彩的内容，使观众能够更直观地了解展品的信息和背后的故事。

运用虚拟现实（VR）和增强现实（AR）技术，打造逼真的虚拟环境，让观众仿佛置身其中，增强展览的趣味性和互动性。

（2）人性化交互设计

设计交互式触摸屏等设备，让观众能够与展品进行直接互动，提高观众的参与度和体验感。根据观众的心理和需求，设计易于操作和理解的交互界面，确保观众能够轻松上手。提供个性化的展览路径，根据不同观众的兴趣爱好，为他们量身定制独特的体验活动。

（3）空间规划与布局

合理规划展览空间是重要考虑因素。合理的功能分区可以提高空间的整体美观度和实用性，运用灵活多变的布局手法，通过灯光、色彩等手段，突出展品的特色和重点，以确保每个展品都能够得到充分的展示。

（4）融合文化元素

将传统文化元素与现代科技相结合，打造具有独特魅力的展览内容。通过多媒体展示手段，呈现地域文化的多样性和独特性，增强观众的文化认同感。设计富有创意的互动环节，让观众在参与互动的过程中更深入地了解其文化内涵和价值。

（5）安全保障措施

在设计过程中充分考虑安全因素，确保展览设施的稳定性和安全性。设置应急通道和消防设施，确保在紧急情况下能够迅速疏散观众。通过对观众进行安全教育和提示，提高他们的安全意识和自我保护能力。

数字馆实现了对非物质文化遗产的高科技展示和设计创新，但也面临着传承后继无人等问题。数字技术可以将精湛的技艺直观地展现给观众，但是过分依赖高科技手段也会削弱非物质文化遗产的魅力，所以，数字馆的建立需要在数字创新与文化保护之间达成平衡。要利用数字技术最大限度地展现传统文化之美，但要注重保留其文化内核，不能让技术成为主导。

三、文化IP与包装设计

文化IP是包装设计过程的关键部分之一，选择文化IP需要考虑产品与文化的关联性。与产品相关的非遗蕴含着丰富的地域文化内涵，使用后可以让消费者将产品与特定文化概念相联系，达到文化传播的目的。另外，IP的选择也要考虑不同消费群体对这些文化符号的熟悉度，要选择更为消费者熟知并具有较强视觉冲击力的IP进行设计。选定IP后，设计者需要对其寓意和文化内涵进行深入理解和把握。要识别IP所蕴含的核心概念和精髓，进行提炼和设计。在理解IP文化内涵的基础上，可以对其进行艺术夸张和再现创作，以便产生视觉上的震撼效果。

例如，王的手创×甩甩龙联名传统国风非遗儿童甩彩带玩具（图7-4），选择与舞龙相关的颜色（黄色和红色）作为甩甩龙玩具的主色调。这些颜色与舞龙的热烈、喜庆和吉祥形象相呼应。在文创上设计龙鳞和龙元素的图案或形象，突出舞龙欢快、喜庆的氛围。将舞龙的精神、文化等元素融入文化创意理念中，以突

▲ 图7-4　王的手创×甩甩龙儿童甩彩带玩具（来源：王的手创）

▲ 图7-5 东方青龙手工刺绣香包
（来源：王的手创）

出文创的特色和文化内涵，增加商品吸引力。

又如，东方青龙手工刺绣香包（图7-5）创意源于历法和龙形象。先民发现日月星辰的运行规律，创造了历法，并以中国人特有的四象系统归纳，便于人们认知，为人类的生活做出开创性的贡献。与西方象征邪恶的龙不同，中国龙是中国人智慧的结晶与精神象征，为此我们自称龙的传人，有龙相伴，知道自己从何而来，不曾迷失。这件东方青龙香包以大块面、多手法刺绣，青龙面部惟妙惟肖、栩栩如生，纯手工的立体塑形加上设色及装饰成就了它的整体气度。

IP的运用方式也需要进行创新。除了直接在包装上印刷IP的图像或文字外，还可以采取传统和现代相结合的设计手法，如采用与IP有关联的色彩、造型、材质等进行包装设计。

（1）品牌标识的运用

在包装设计中，品牌标识需放在主展面的醒目位置，以便增强品牌的辨识度。同时，品牌标识的设计也需要与包装的整体风格统一协调。东方青龙手工刺绣香包在包装上巧妙融入品牌标识，同时结合青龙图案，形成独特的品牌识别度。这样既能展现品牌特色，又能凸显产品的文化内涵。

（2）产品特性与品牌故事的融合

包装设计应巧妙地融入产品的特性和品牌的故事，使消费者在购买产品时能够感受到品牌价值。东方青龙手工刺绣香包内填充的天然香料和草药，代表着自然与健康。在包装设计中，通过描绘青龙之姿，暗示香包能带来清新、安宁的气息。

（3）人性化的实用性设计

考虑到消费者的使用习惯和需求，青龙香包的包装应便于携带和打开，使消费者在享受香包带来的清新气息的同时，也能感受到使用的便捷性。香包要不仅美观大方，更实用方便。再如，消费群体为老年人时，结构设计应考虑开启方式、设计说明清晰等问题。

运用非遗文化IP进行联合包装设计需要在继承与发展之间寻求平衡。IP的使用需体现和传播所蕴含的文化内涵，但也需要进行当代化的诠释。如果过分依赖文化IP或滥用文化符号，会造成文化浪费和设计失衡。所以，运用文化IP需在传统与现代、继承与创新之间不断探索。

四、文旅产品

实现非遗与文旅产品的设计创新，需要将文化的精髓融入设计之中。首先，针对产品概念的延续，要深入研究非物质文化遗产所体现的文化内涵，在其形式之外发掘蕴含的价值观、审美观以及与之相关的文化信息。例如，四川成都的文创产品主要以熊猫造型为视觉形象进行创新设计，熊猫造型憨态可掬，让游客们爱不释手，在旅游业发展中，其文创设计就是一个经典的案例。其次，需要对文旅产品的消费群体和功能定位进行分析。如饰品设计涉及不同年龄阶段的消费群体，设计时需进行市场调研，以符合消费群体的品味。民间手工艺品，设计时需兼具美感与实用性，雅俗共赏。经典的文创设计作品，需要找到与非物质文化遗产理念契合的设计概念。

深度挖掘非遗资源的价值内涵和文化元素，激发创意创新转化，以文创产品为载体，可促进"非遗与创新""传统与现代""传承与发展"在当前引发问题思考及方案解决。

在此基础上，需对相应的设计概念进行提炼与再创造。可考虑现代审美与产品特征，并选择性地融入设计中。这需要在理解传统文化的基础上进行重新诠释，产生新的设计语义。

《烟袅情浓》耀州窑香器设计（图7-6）巧妙地将耀州窑的传统工艺与现代设计理念相结合，通过独特的设计手法，使产品既保留了传统文化的韵味，又符合现代审美和实用性要求。

▲图7-6 《烟袅情浓》耀州窑香器设计（来源：谢方茜）

（1）平面元素立体化

《烟袅情浓》耀州窑香器将位于陕西的千年银杏定为香器所用元素，其树叶为扇形，两边对称，分裂成二，叶柄处合二为一，被看作调和的象征，赋予了香器和谐的含义。基于对这种含义的表达以及对银杏的喜爱与欣赏，作者将其与传统装饰纹进行有机结合，形成新的设计语言，并运用于此系列陶瓷香器的装饰及造型设计之中。在器型种类上，在原先中式传统香器的基础之上，添置了可存放液体香料的香瓶等器型，设计出适用于现代使用的香器种类。

（2）艺术与科技的融合

在保持青瓷传统工艺的基础上，选用新型材料来增强产品的耐用性和美观性。利用现代科技手段对青瓷制作过程进行优化和创新。例如：引入3D打印技术，辅助设计和制作复杂的青瓷造型；利用VR技术，让消费者更直观地体验青瓷的制作过程和感受其美学价值。

（3）传统与现代文化的融合

在生活中融入现代审美元素，使青瓷文创产品更加贴近现代消费者的需求。例如，将青瓷与现代家居设计相结合，创造出既具有传统文化韵味又符合现代家居风格的青瓷装饰品。

非遗结合文旅产品的设计创新，需要考虑不同细节的衔接与统一。要在材质、色彩、构图等方面形成统一的设计语义，产生浑然天成的效果，就需要对设计细节加以考究，在保障设计理念表达的同时，不失美感与和谐，以汲取非遗文化精髓为基础发挥创造力。

第三节　西部非遗的设计创新方法

西部非物质文化遗产是我国的宝贵财富。随着国家对西部地区的大开发，非物质文化遗产的创新与文旅的融合发展联系日益紧密。非遗设计无疑是一个亮点，肩负着传承创新和文化传播的责任。非遗与设计的融合创新，必将实现非物质文化遗产的可持续发展。

一、系统考证与深挖文脉

要对非物质文化遗产进行全面系统的调研和分析，了解非遗的概况，找出核心要素。要调研非物质文化遗产的起源和发展现状，寻找设计元素，了解不同历史时期的社会环境特征，探究非物质文化遗产形成的社会因素。还要考察非物质文化遗产在不断演化传承中的持续性与变异性，分析其对不同时代的文化意蕴。

在此基础上，设计师需要对非物质文化遗产的内容和形式进行解读，梳理其工艺流程、制作技法、设计元素等，通过沉浸式体验深入理解其内涵。同时，要识别非物质文化遗产中蕴含的文化符号、形式美感、价值含义等。设计师需要对同类题材的非物质文化遗产进行横向比较，找出其共性之处。同时，要进行纵向演变脉络分析，明确非物质文化遗产在不同时期承载的文化内涵。

二、符号提炼与联动革新

对非物质文化遗产进行全面系统的调研分析后，设计师需要进入提取文化符号的阶段，这是设计创新的关键环节。具体来说，设计师需要从非物质文化遗产的某项目中提炼出蕴含了民族审美情趣和文化底蕴的文化符号，这是进行设计创新的前提条件。

文化符号的提炼需要设计师具备敏锐的感知力，能够在繁复的非遗文化中识别核心符号。确定文化符号后，进行抽象化处理，比如加强视觉对比、简化细节、强化主次关系等，使文化符号转化为可重复应用的视觉元素。这种抽象化不仅能增强辨识度，也有利于符号在不同载体中的应用。

设计师可以对文化符号进行创意变形，赋予新颖的时代表达方式。比如用不同的媒介展示，增加互动体验等。目标是创新性地传达非遗文化信息，吸引目标人群。设计师还可以将不同文化符号进行有机重组，构建出系统的视觉语言，为后续设计应用奠定基础。

三、语言转化与设计革新

设计师需要运用现代设计方法，将文化符号重组设计出具有时代感的视觉语言。通过设计语言的建构，使非物质文化遗产的元素焕发生命力，实现传统文化的传承创新。

具体来说，设计师可以使用数字化设计软件，在二维平面上重新演绎文化符号，进行平面化再创作。比如采用简约线条勾勒文化符号，改变排列方式，也可以通过色彩的明度对比，赋予文化符号强烈的视觉冲击力。在三维设计方面，设计师可以运用3D打印、CG渲染等技术，将传统工艺品的元素融入产品设计，赋予全新意境。比如：将青花瓷纹样应用于家具设计，通过现代语言演绎传统文化内涵；也可以将文化符号应用于制作品牌IP人物形象设计；等等（图7-7）。

除视觉语言外，也可以扩展至交互体验、声音设计等领域。比如，运用非遗元素打造沉浸式展览，结合声光电技术营造氛围，让参与者身临其境地感受传统文化。此

▲ 图7-7　潮玩3D渲染图（来源：胡耘恺）

外，设计师还需要考量不同载体对文化符号语言的呈现效果。

四、设计推介与多方联动

通过展览、研讨会、发布会、专题讲座、工作坊等多种方式来推介设计成果，促进文化传播，可以运用于相关商品开发。

首先，通过展览、发布会等方式对创新设计成果进行发布和展示。展览能够采取实物展示、数字展示等形式，让非遗传承地的群众直接参与，还可以通过新媒体平台进行线上展播，扩大传播范围。其次，举办专题讲座，开展研讨会，邀请参观工作坊等，促使非遗传承人、设计师面对面进行交流互动。非遗传承人可以讲解非遗的文化内涵，设计师可以阐释创新设计理念，彼此启发。还可以组织传承人与设计师共同创作。再次，可以加强与非遗产地的多方合作。与政府部门合作开发文创产品，促进地方经济收入的提高；与企业合作，将非遗元素融入产品设计和品牌推广；与学校合作开设相关课程、研学等活动。最后，建立信息化的非遗设计成果数据库，形成设计规范和案例库，供设计师查询借鉴，也便于政府部门监管。数据库可以在云端更新，方便获取最新资讯。

五、效果评估与优化升级

在设计实践中不断总结经验教训，收集民众反馈意见，进一步优化设计语言和创新方法，实现非物质文化遗产的持续传承。非物质文化遗产传承创新的设计实践是一个长期积累的过程，需要设计师不断完善。非遗是活的文化，会随着时代变迁而产生新内涵。设计师需要把握非遗最新动态，确保设计语言的时效性。设计师需要收集非遗产区民众的反馈意见，因为他们是非遗的实践者。

设计师还要关注非遗的前沿设计发展趋势。非遗创新设计不能脱离时代语境，应吸收前沿数字技术，以符合大众审美趣味；也不能流于形式，需要把握尺度。创新设计要服务于非遗产业发展。设计师需关注非遗产品市场反响，看设计对产品增值的效果，根据反馈不断优化设计方案，提升经济和社会效益。

设计师既要坚持民族文化自信，也要有国际视野。在传承创新中建立动态的设计体系，推动非遗持续发展。这是一个不断创新的过程，需要设计师和相关部门通力合作，以达到文化传承创新和可持续发展的目的。

第四节　非遗设计创新对策

一、非遗文化与文创设计的交融

非物质文化遗产自古以来承载着丰富多彩的历史文化。而在当今充满创新的时代，非遗文化也在不断演变，融合了文化创意的火花，催生出崭新的非遗文创产品设计。但这些设计不同于常规的平面设计或工业设计，也不同于传统技艺类非遗的产业化发展。它涵盖了更多的文化和创意，让设计师在设计过程中需要涉及多个领域，拥有更广阔的视野。

从传统到创新，非遗文化在文创产品设计中的转化，也被称为"二度设计"。相较于传统平面设计，它在注入创意的同时还融入了传统文化的元素。这对设计师提出了更高的要求，不仅需要丰富的文化素养，还需要对非物质文化遗产的概论有所了解。设计师需要领悟非遗文化的内涵，理解其背后的历史、民俗和情感，同时还需要具备创新力和实践能力。他们的任务是将传统的文化元素与现代审美相融合，创造出既具有传统韵味又富有时代感的设计作品。

在现实生活中，一些非遗项目以流水线模式进行生产。例如，云南武定县的彝族刺绣就采用了流水线制作模式制作出带有鲜明民族特点和地域特色的刺绣。这种模式将制作过程分为不同环节，实现了高质量、高效率的产出。

非遗文创产品的设计和制作过程也展现出一种分工合作的"流水线"模式。在各个非遗项目中，传承人和手工艺人各司其职，分别负责不同的环节。这种分工协作的"流水线"模式并非近年才出现，而是早在非遗项目诞生之初就已存在。举例来说，贵州省赤水市的赤水竹编在制作过程中，不同的手艺人分别负责选竹、刮青、分块、分层、染色、分丝、编织等不同流程，各有所长，形成了一个高度协调的分工体系。在其他非遗项目中，类似的分工模式也得以延续，保证了产品的质量和生产效率。

在高校设计类专业的课程体系中，国内许多艺术类院校都设置了视觉传达设计专业方向，但在教学大纲中，往往忽视了中国传统文化导论和非遗文化的课程设置，缺乏相关的教育内容，导致学生在设计中难以将传统元素与现代设计有机结合，无法真正"学以致用"，在实践设计中感到迷茫，缺乏设计灵感。

随着教育资源和设计力量倾向于艺术与科技设计等领域，国家政策的出台倾向于文旅融合，在一定程度上对设计创新方面要求有所提升。设计教育需要重视传统文化的传承，将其纳入教学体系，培养学生对非遗文化的理解和创新能力。

总之，非遗文化与文创设计的交融，不仅是对非遗文化的传承，更是对设计创意的挑战。在这个设计过程中，设计师需要融合传统文化元素和现代审美要点，兼顾文化素养和创新能力。同时，设计教育也需要关注非遗文化的传承和创新，提升学生的文化素养和设计能力。最终，非遗文化与文创设计的创新必将带来更多别出心裁的设计作品，让传统文化在当代焕发新的生机。

二、文化传承与创意设计的融合

每件蕴含非遗元素的文创产品，都是文化的缩影，蕴含着历史的积淀和智慧的传承。然而，对于传统文化和手工技艺了解匮乏的设计师而言，仅凭想象力往往难以将抽象的概念转化为实际的产品。在基于一些门槛较高的传统技艺进行设计时，设计师往往会面临更加复杂的挑战。

传统技艺的创新融合，并不仅仅是技艺形式上的创新，需要考虑产品的外观和功能，更需要设计师不断探索新的材质和工艺，保持敬畏之心，并以尊重传统技艺为基础进行创新。

设计师需要和传承人进行沟通与交流，能够将不同领域的知识与设计相结合，从而创造出更具创新性和前瞻性的作品。这种创新并非为了迎合市场，而是为了使传统技艺得到更好的传承与发展。

在这个充满挑战和机遇的道路上，传统技艺的创新融合是一个持续的过程。设计师和传承人需要共同努力，为文化传承注入新的活力。这种融合既是对过去的尊重，也是对未来的探索，必将促进更多非遗文化创新作品的产生。

三、传统图案与造型的创新

在文创产品设计中，通过归纳典型、提炼传统图案与造型，将传统艺术元素运用于产品设计中，这种方法在当前的文创市场中极为常见，也是设计师们广泛使用的创作方法。

这种方法的核心是从具有视觉冲击力的传统手工艺品中提取出富有内涵的经典图案，然后将这些图案应用于各种设计中。例如，对苗绣、蜡染、社火脸谱、年画等工艺品进行再设计，工艺制作上可将传统图案以丝网印刷或热转印等方式呈现在某种载体上，创作出富有文化韵味的现代艺术品。

大部分情况下，为了批量生产并确保产品质量，制作过程并不使用传统的手工技艺，而是通过重新绘制的方式对图案进行处理，以适应现代化生产的需要。虽然这种方法在市场上广受欢迎，但对于非物质文化遗产的传承人来说，却未必能够直接受益。

将传统图案与造型融入现代设计，可以让人们了解和感受传统文化的魅力，促进文化的传承与发展。设计师们的创意和努力，为传统文化注入了新的活力，打造出充满时代感的文创产品。这不仅有助于吸引年轻人对传统文化的关注，也为传承人提供了更多的合作机会和市场空间。

因此，在使用这种方法时，设计师们需要在创新的同时，保持对传统文化的敬畏和尊重。他们可以通过更加深入的了解和学习，将传统图案与造型融入设计中。同时，也应积极寻找合作模式，让传承人能够在文创产品中获得更加丰厚的收益，为文化的传承与创新贡献力量。

四、文化创新与设计的体验

一种全新的非遗体验方式正崭露头角，即引导受众参与手工制作，从而使他们亲身体验传统非物质文化遗产的精髓。这种方法不仅为广大受众提供了参与非遗项目的机会，而且让非遗文化在传承中焕发出新的活力。

在传统文化的发展脉络中，手工技艺一直是非遗项目的重要组成部分。然而，随着现代社会的变迁，非遗渐渐淡出了人们的视线。因此，为了更好地传承与发展，非遗传承基地为人们提供精心设计的材料包，将传统工艺的要领融入其中，指导手工体验成为一种创新模式。受众在制作中感受传统文化的魅力。对于非遗项目来说，材料包的设计与开发是至关重要的。传承人需要精准地计算所需材料的种类与数量，将其配成完整的材料包。而成熟设计师的参与更能够强化非遗元素的视觉效果，提高销售量。在设计时，不仅需要考虑传统元素的融入，还要兼顾现代审美，使设计产品既能引起消费者的兴趣，又能传达非遗文化的内涵。

完整的非遗手工体验，不仅需要各种材料，还需要详细的制作教程。相对简单的制作步骤，可以在手工材料包中附上详细的说明书。复杂的手工制品可以通过在材料包中提供可扫描的二维码，让用户轻松获取制作步骤的视频教程。这种方式方便用户在观看视频后更好地理解制作过程，从而获得更深入的手工体验。

非遗手工艺制作体验活动（图7-8）使传统非遗文化与现代技术完美结合，使非遗项目更具活力和吸引力。受众们不再是被动的观众，而是亲身参与者，通过实践，更好地了解了非遗的精髓。这种体验不仅丰富了人们的文化生活，也为非遗的传承创造了更多的机会。

▲ 图7-8 非遗手工学习（作者 摄）

下

篇

西部非遗创新设计案例选粹

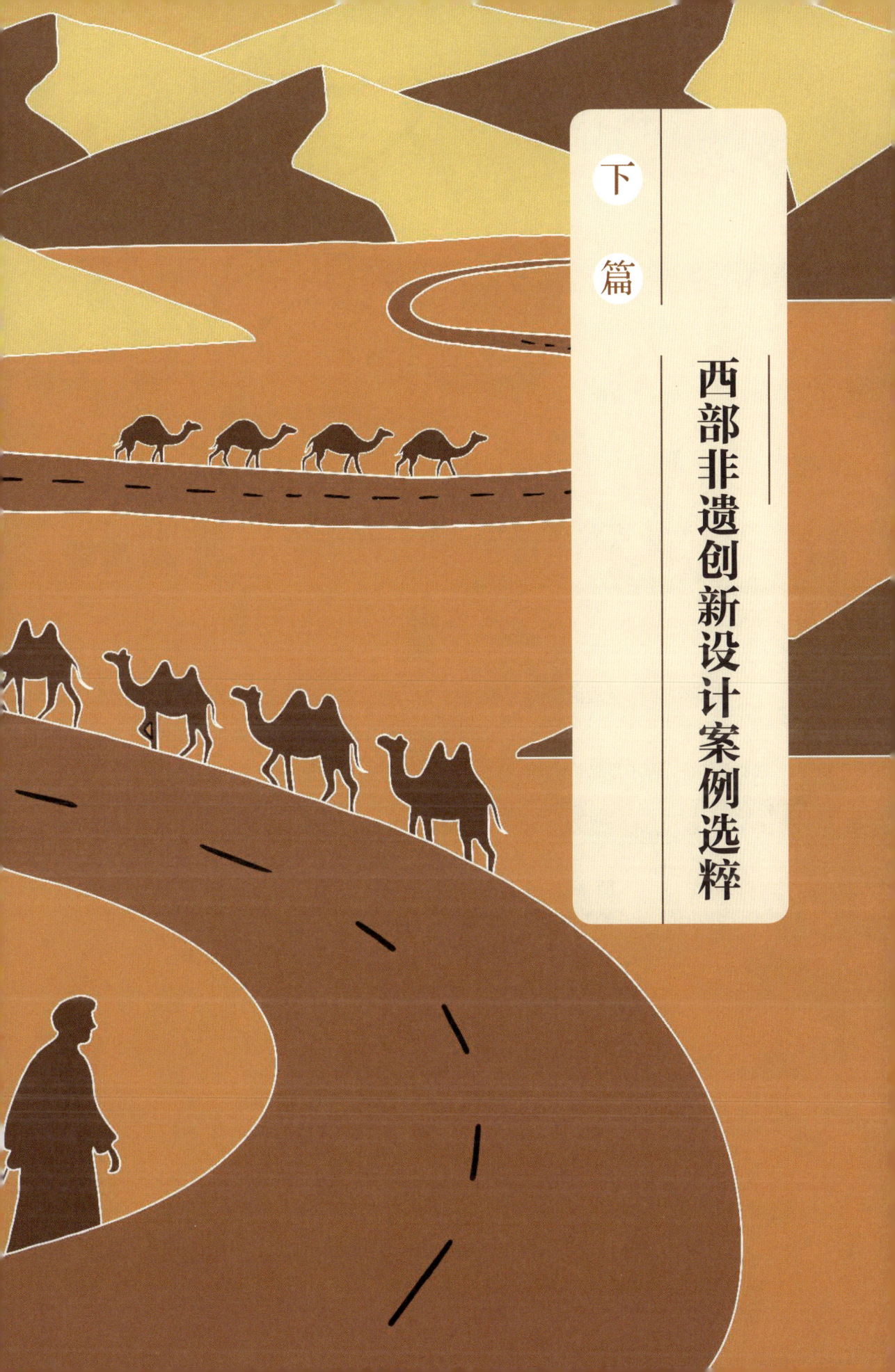

王受之

中国著名的设计理论和设计史专家。他认为："设计是连接过去与未来的纽带。在面对非物质文化遗产时，设计师不仅要有深厚的文化底蕴，更要有创新的思维。我们应该尊重传统，但不是简单地复制传统，而是要在现代设计中赋予它们新的生命。"

花脸福将IP形象设计

设   计：党信立成

指导老师：李文凤

凤翔民间社火马勺脸谱，简称"马勺脸谱"，是在继承西府民间社火脸谱的基础上发展的一种新兴的民间手工艺术品。当地民众将神话故事中的人物形象彩绘于马勺之上，因此得名。本设计以马勺为原型，进行"花脸福将"的IP形象设计，并对海报、插画、表情包等做了设计延展。该IP的面部以马勺轮廓为外形进行设计，使其更有辨识度，在色彩上人物以暖色调为主，并搭配冷色调的莲花进行点缀。"花脸福将"将胳膊化为祥云，背后插入战旗，整体表现出人物勇猛的气势和设计感（图8-1～图8-5）。

▲ 图8-1　花脸福将IP形象元素提取

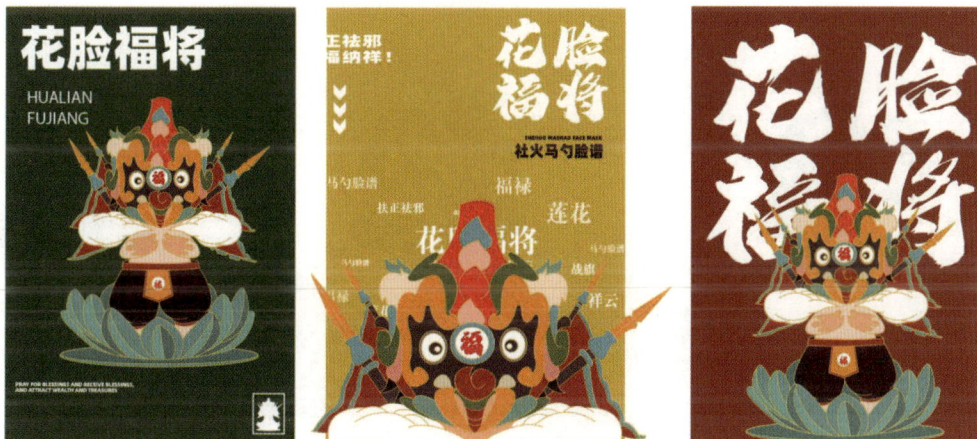

▲ 图8-2　花脸福将海报设计

花脸福将 hualian
fujiang

▲ 图8-3　花脸福将IP线稿

▲ 图8-4　花脸福将插画设计

▲ 图8-5　花脸福将表情包设计

虎娃+国潮风奶茶品牌设计

设　　　计：刘旭彤

指导教师：李文凤

　　挂虎是陕西凤翔泥塑中极具代表性的形象，因此选取挂虎来作为此次创作的灵感。品牌将挂虎的面部花纹进行了提取与概括，呈现出"虎娃"的视觉形象。"虎娃+国潮风奶茶"的品牌设计创作了"TIGER BABY"这一品牌，标志性的虎头作为第一要素呈现，将传统文化与现代品牌相结合，将非遗与生活相结合，传统与现代的碰撞别有一番特色（图8-6～图8-8）。

▲ 图8-6　虎娃形象IP设计

▲ 图8-7　虎娃包装延展设计（一）

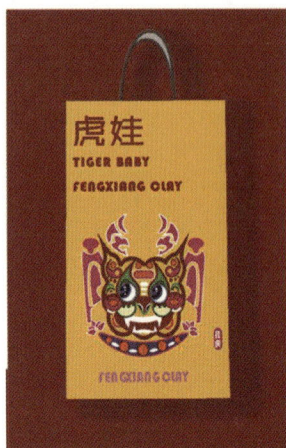

▲图8-8　虎娃包装延展设计（二）

"萌神来咯"文创产品设计

设　　计：李睿婕
指导老师：李文凤

　　木版年画是中国历史悠久的传统民间艺术形式，本设计以凤翔木版年画中的门神为设计灵感进行线稿提取，并进行线条纹样的创作。整体以鲜明的颜色为主，并以此为基础调整本设计的色相、灰度和明度。本设计旨在宣传优秀的非遗文化，并设计了表情包、钥匙扣、书签等，让更多年轻人爱上非遗（图8-9～图8-13）。

▲图8-9　"萌神来咯"表情包设计

▲图8-10　颜色提取

▲图8-11　"萌神来咯"贴纸设计

▲ 图8-12　木版年画书签及挂件设计

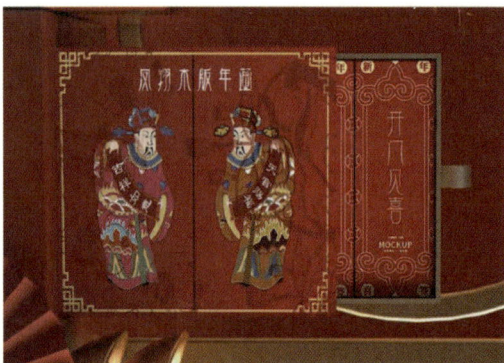

▲ 图8-13　衍生品设计

虎虎茶文创产品设计

设　　计：李睿婕

指导老师：李文凤

　　本作品是以凤翔泥塑为基础的文创产品设计，与奶茶店联名，命名为"虎虎茶"，提取凤翔泥塑挂虎的吉祥设计元素，采用装饰绘画风格，将元素进行重组，造型饱满独特，使其更贴合现代的装饰风格，又不失凤翔泥塑的韵味。作品以奶茶外包装袋、杯子等文创产品设计为主。作品保留了凤翔泥塑原有的彩绘特点，与现代装饰风格相结合，创造出具有现代时尚感的作品（图8-14～图8-18）。

▲ 图8-14　虎虎茶设计

▲ 图8-15　颜色提取

▲ 图8-16　虎虎茶海报设计

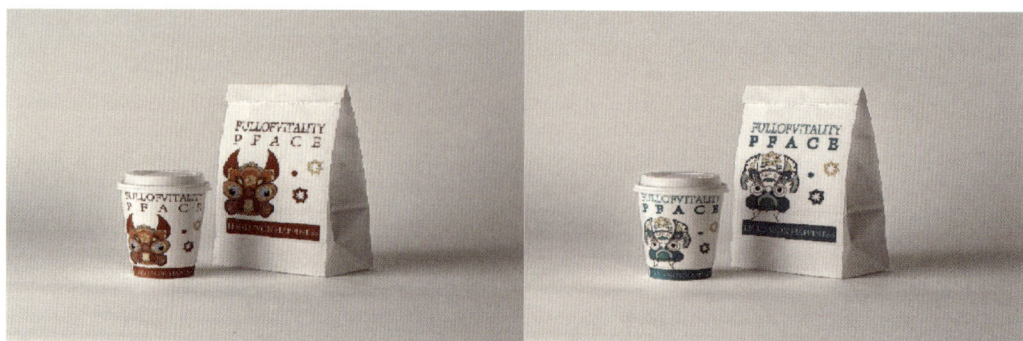

虎虎生威茶   如虎添翼茶

▲ 图8-17　延展设计

▲ 图8-18　应用展示

永·乐——山西永乐宫道教文化方巾创新设计

设　　　计：毕楠鑫
指导老师：李文凤

　　背景：永乐宫，原名大纯阳万寿宫，为纪念八仙之一吕洞宾而建，国家首批重点文物保护单位，是中国现存最大、保存最为完整的道教宫观，同北京的白云观、陕西鄠邑区的重阳宫并称为全真道教三大祖庭。永乐宫是一座元代精美建筑，也是世界上现存最大的古代壁画艺术宝库之一。其中三清殿《朝元图》是中国古代绘画艺术的典范，是世界绘画史上群像构图发展的顶峰，为世界罕见的巨制，堪称国宝。

　　本设计以丝绸方巾为设计主体，结构灵感来源于永乐宫元代藻井的道家八卦布局，结合丰富的道家元素内涵，提取永乐宫壁画、永乐宫元代建筑等元素形象进行平面化转化设计。使用永乐壁画原色，凸显古风古韵。价值意义上，永乐宫的道教地位与价值意义是无可复刻的，因此设计作品在设计与选材时都以道家思想与大众美好生活期盼为指引（图8-19～图8-24）。

▲ 图8-19　永乐宫纯阳殿

▲ 图8-20　永乐宫琉璃鸱吻

▲ 图8-21　永乐宫壁画（局部）

祥云提取

元代壁画服饰纹样

道家暗八仙笛

藻井纹样

鸱吻纹样

二龙戏珠纹样

道家暗八仙宝莲花

道家暗八仙宝剑

道家暗八仙阴阳板

▲ 图8-22　纹样提取

▲ 图8-23　颜色提取

▲ 图8-24　周边衍生品设计

瑞兽来袭——陕西三彩琉璃镇墓兽系列创意设计

设　　计：毕楠鑫

指导老师：李文凤

　　镇墓神物自古就有，唐三彩镇墓兽面目狰狞，呈凶狠状，形制多为飞禽走兽，令盗墓者心生畏惧，用以保护墓主肉身及灵魂不被侵扰。本设计在造型方面将善于翱翔的禽鸟、勇猛动物的顶角等众多元素巧妙地融为一体，使其兼具人的思想和动物的威猛。龙头型镇墓兽，肩生双翼，长有鹰型爪，冲天犄角，其勇猛和超强的本领不言而喻（图8-25）。

▲ 图8-25　唐三彩镇墓兽

　　创意设计（图8-25～图8-28）：主要选取陕西乾陵琉璃镇墓兽形象进行设计，以元代与明清时期镇墓兽为主要参考形象，结合道家思想与国潮风格进行瑞兽纹样提取，保留原型风格的同时融入现代设计元素。"福禄寿喜"作为中国传统祥瑞文化之代表，与当地传统鸱吻融合，更具表现力与活力。

▲ 图8-26　纹样提取

▲ 图8-27　色彩选取

▲ 图8-28　周边衍生品设计

贵州苗族蜡染文创扑克牌设计

设　　计：李　凤

指导老师：李文凤

　　贵州蜡染亦被称作"贵州蜡花"。它以素雅的色调、优美的纹样、丰富的文化内涵，在贵州民间艺术中独树一帜。作为一种生活方式的"艺术"，贵州民间蜡染是贵州民俗文化活动中不可缺少的重要内容，不管是岁时节日住房的装饰还是婚丧嫁娶人生仪礼等，都有蜡染艺术物品出现。本设计通过提取贵州苗族蜡染的纹样进行设计，在保持原有纹样形态不变的情况下，融入现代元素，将苗族蜡染文化与扑克牌相结合，为娱乐活动注入文化基因（图8-29～图8-33）。

▲ 图8-29　贵州苗族蜡染纹样设计

▲ 图8-30　贵州苗族蜡染元素设计

▲ 图8-31 延展设计

▲ 图8-32 纹样扑克牌设计

▲ 图8-33 人物扑克牌设计

秦腔戏曲IP形象设计

设　　计：曹鹏越

指导老师：李文凤

姓名：笙笙

性别：男

性格：文艺、潇洒

戏曲形象：小生

幸运色：黄色

设计理念：选取陕西秦腔中生角的小生形象，头上戴的则是纱帽生角色所佩戴的帽子，衣服纹饰使用了长城纹、石榴纹等，使用黄色，给人充满活力的感觉。

姓名：花花

性别：女

性格：活泼、可爱

戏曲形象：花旦

幸运色：粉色

设计理念：选取陕西秦腔中旦角的花旦形象，身上穿着旦角的短衣裳，绣着鲜丽的色彩与纹样，衣服纹饰使用了长城纹、石榴纹等，使用粉色给人甜美俏皮的感觉。

▲ 图8-34　秦腔戏曲IP形象设计

▲ 图8-35 笙笙表情包设计

▲ 图8-36 花花表情包设计

锵锵

姓名:锵锵
性别:男
性格:活泼、可爱
幸运色:蓝色

设计理念:选取陕西省华阴市华阴老腔中的戏曲人物,服饰沿用了表演者所穿的当地传统服饰,使角色形象更加淳朴简洁。

▲ 图8-37 锵锵形象设计

▲ 图8-38 海报设计

▲ 图8-39 设计延展应用

延川布堆画文创设计

设　　计：周娉如

指导老师：李文凤

　　中国西部陕北延川地区的广大劳动人民，在生活中创造了"布堆画"。延川布堆画广泛流行于当地民间的拨花，原为枕头顶、裹肚、鞋面、垫肩、钱包、烟袋包上的装饰物。提取设计元素，运用民间的复合造型法，进行贴块、拼接、镶花、堆叠、缝合，制作出极具特色的图案。文创作品选取象征美好意义的动物进行创作，根据图案进行重组设计，将民间艺术与现代设计相融合，给人耳目一新的视觉感受（图8-40～图8-44）。

▲ 图8-40　延川布堆画设计

▲ 图8-41　应用展示

▲ 图8-42　海报设计

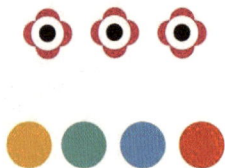

鸟类也被人们赋予了吉祥如意的美好祈愿，可以吉祥化灾和吉祥转运。

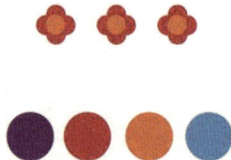

马身姿矫健，可日行千里，寓意着事业、财运飞黄腾达、学业有成。

▲ 图8-43 元素设计

▲ 图8-44 邮票设计

点心局——朱仙镇木版年画品牌延伸设计

设　　计：刘旭彤
指导教师：李文凤

　　本设计的灵感来源于朱仙镇木版年画中赵公明这一典型的人物形象。他的外观威武、怒目圆睁、顶盔披甲、胯下骑虎，形象极其生动，寓意招财进宝，深受人们喜爱。朱仙镇木版年画用色大胆，颜色活泼，对比强烈，富有生命力，与人们过年的气氛和谐一致，是吉祥的象征。利用其形象进行文创产品设计，将传统木版年画与品牌进行结合，设计出极具文化魅力的国潮品牌（图8-45～图8-49）。

▲ 图8-45　点心局形象IP设计

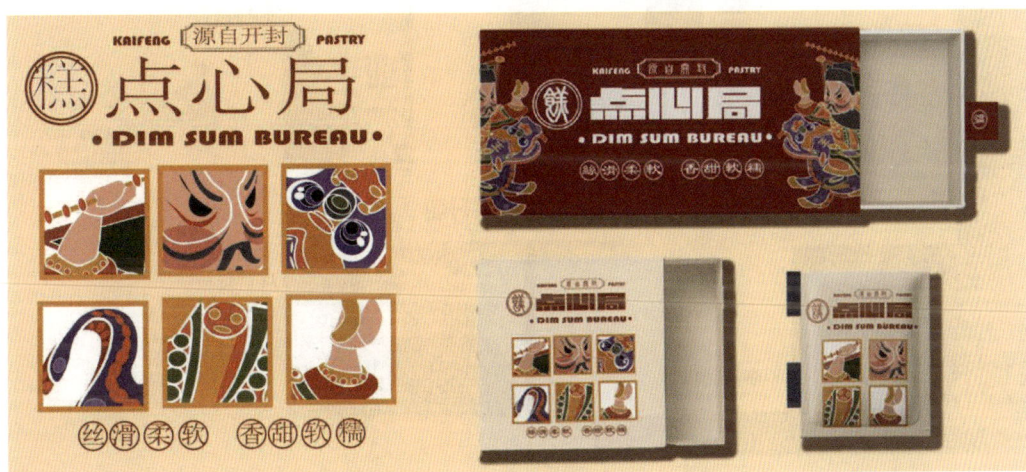

▲ 图8-46　点心局包装设计（一）

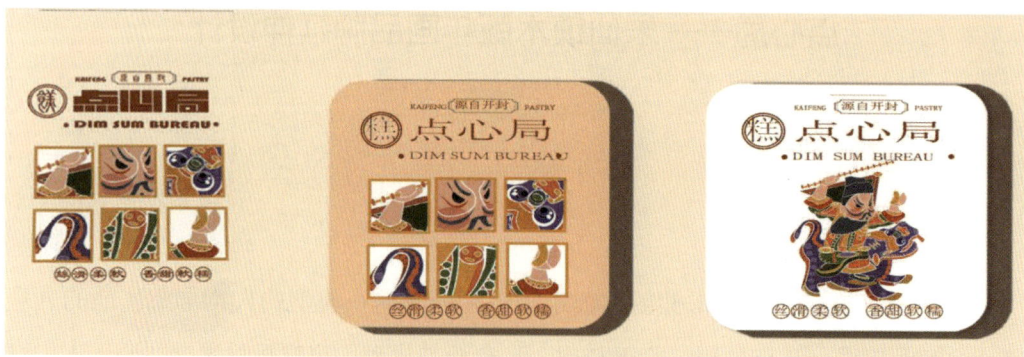

▲图8-47 点心局包装设计（二）

宣传卡片——脆脆泡芙

宣传卡片——招牌麻薯

▲图8-48 点心局延展设计

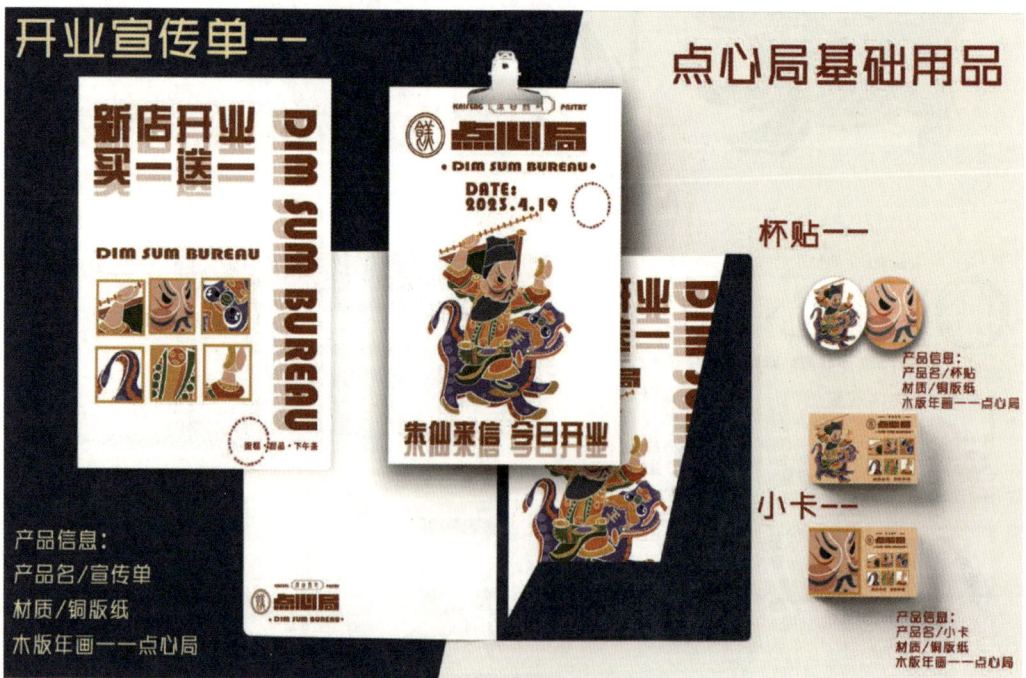

▲图8-49 点心局文创设计

"mian"面花手作体验品牌设计

设　　计：严思琦

指导教师：李文凤

本设计以非物质文化遗产项目面花为设计灵感，提取用于面花制作过程中的面、针、梳、剪、筷，进行形态符号化设计，运用到"mian"面花手作体验品牌的设计中，让人们在手作体验中能感同身受，在学习花馍的同时也能创作出更优秀的面花作品（图8-50～图8-55）。

▲ 图8-50　符号的延展设计

HANDMADE FLOWER BUNS

NOODLE	NEEDLE	COMB	SCISSORS	CHOPSTICKS
面	针	梳	剪	筷

▲ 图8-51　面花制作过程中的形态符号化

▲ 图8-52 品牌宣传海报设计

▲ 图8-53 花馍店面效果图

SHAANXI
FLOWER STEAMED BUNS

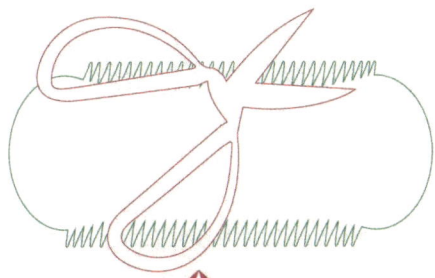

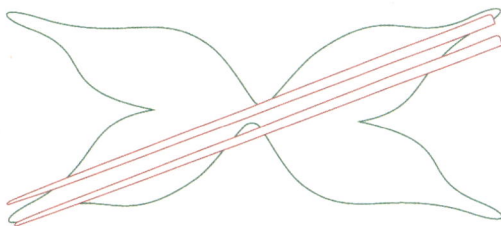

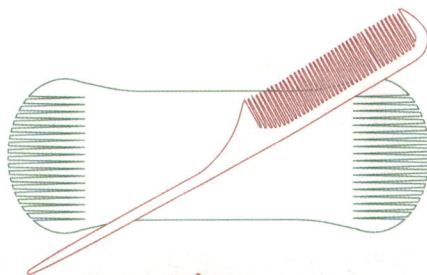

SHAANXI
FLOWER STEAMED BUNS

ian

ian

SHAANXI
FLOWER STEAMED BUNS

SHAANXI
FLOWER STEAMED BUNS

ian

ian

▲ 图8-54 面花符号化与延展设计

▲ 图8-55 海报设计

ED BUNS

mian

针 zhēn

HANDMADE
FLOWER BUNS

梳 shū

HANDMADE
FLOWER BUNS

mian

剪 jiǎn

HANDMADE
FLOWER BUNS

mian

筷 kuài

HANDMADE
FLOWER BUNS

富县熏画博览馆品牌设计

设　　　计：刘旭彤

指导老师：李文凤、王韦策、宫凯、花晓松

熏画兼具剪纸和版画的艺术效果，古朴浑厚，结构严谨，手法简练，主次分明，虚实相映，形象夸张，主题鲜明，是中国民间艺苑的一株奇葩，但是熏画未曾呈现在大众视野之中。为了传承熏画，让熏画市场进一步打开，"富县熏画博览馆"品牌诞生。通过传统与现代设计相结合的表现形式，将品牌进行年轻化设计，使熏画通过品牌的形式进入年轻人的消费市场，从而让更多的年轻人爱上非遗（图8-56～图8-66）。

▲ 图8-56　字体Logo设计

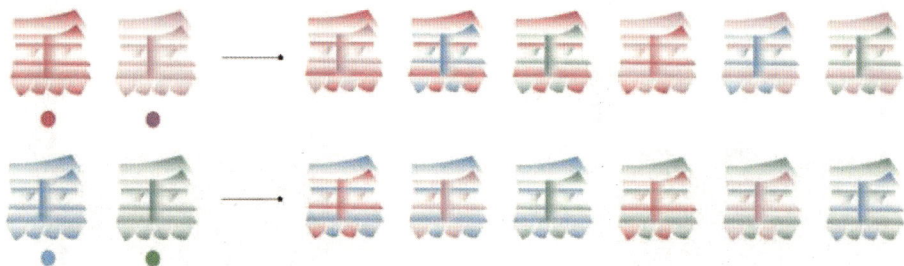

▲ 图8-57　字体Logo延展色彩

▲ 图8-58　延展图形设计（福寿三多、年年有余、财源滚滚、吉祥如意）

▲ 图8-59　主图形设计

▲ 图8-60　延展图像提取设计

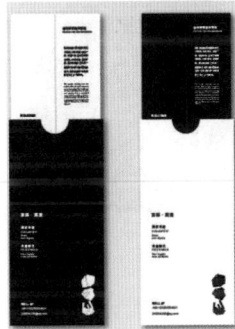

| 手提袋展示设计 |

| 名片展示设计 |　　　　　　　　　　　　　　　　　| 吊牌展示设计 |

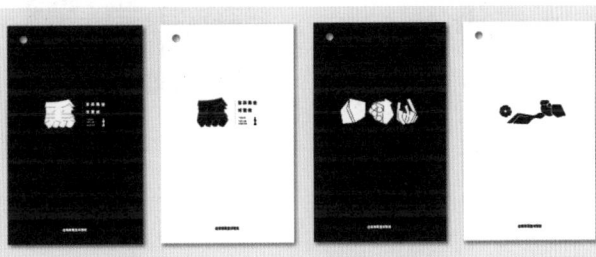

| 介绍卡展示设计 |　　　　　| 手提袋展示设计 |　　　　| 唱片展示设计 |

▲ 图8-61　延展物料设计（一）

|背包展示设计| |鼠标垫设计| |吊坠设计|

|拼图设计| |蜡笔设计| |手环展示|

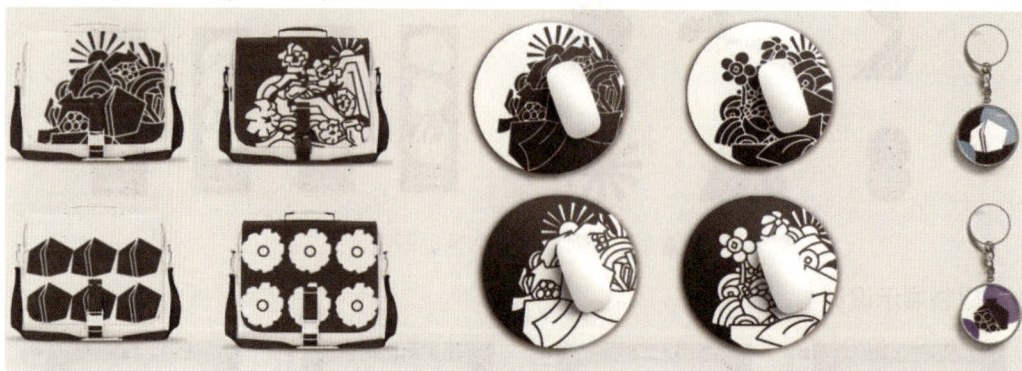

▲ 图8-62   延展物料设计（二）

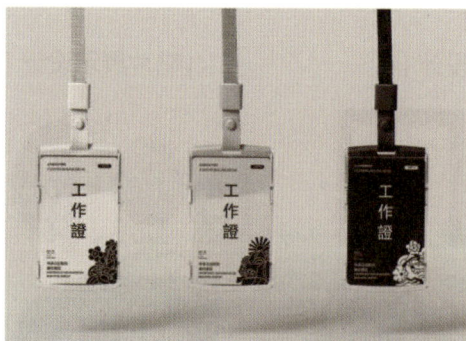

▲ 图8-63   延展物料设计效果图

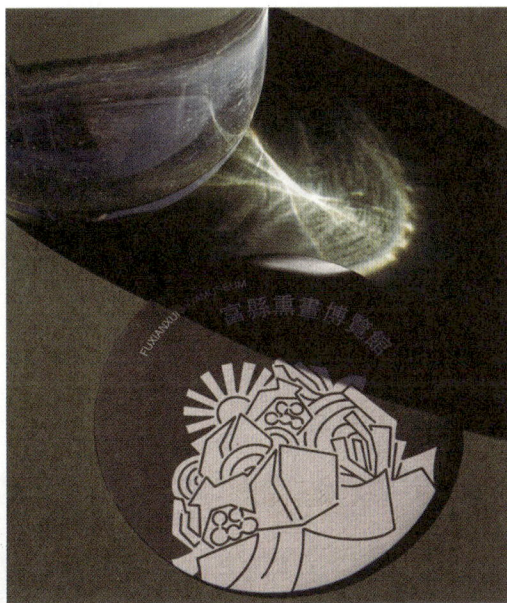

▲ 图8-64　延展物料场景展示（一）

▲ 图8-65　延展物料场景展示（二）

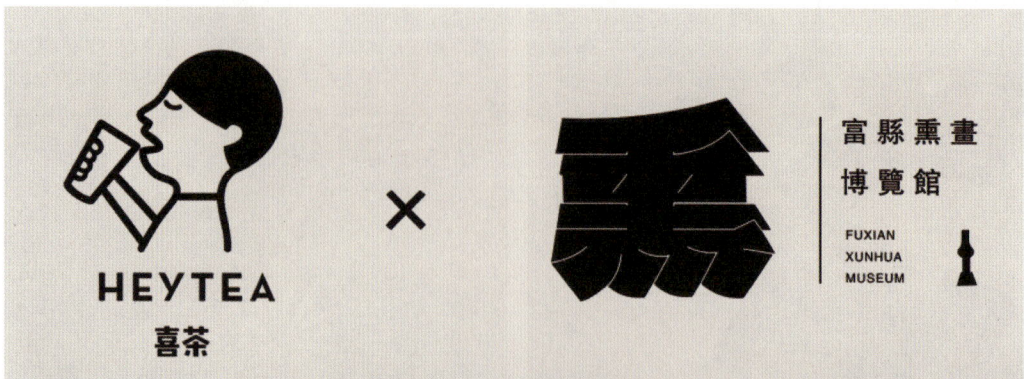

▲ 图8-66　品牌后期联名展示案例

生生布息——延川布堆画非遗时尚设计

设　　计：秦雨欣

指导老师：李文凤、花晓松、王韦策、宫凯

本设计的灵感来源于非遗元素中的延川布堆画艺术，通过提取其设计要素进行创新，设计提包、衣服、袜子、领带等产品。通过传统与时尚的融合及手工艺与现代服饰的结合，设计出具有传统文化元素的现代时尚作品，展现独特而具有文化底蕴的产品。借鉴郭如林十二生肖布堆画，通过涂鸦风表现形式，运用明亮活泼的色调，将延川布堆画推陈出新，使其与人们的现代生活相结合，创作出符合大众审美的时尚产品（图8-67～图8-72）。

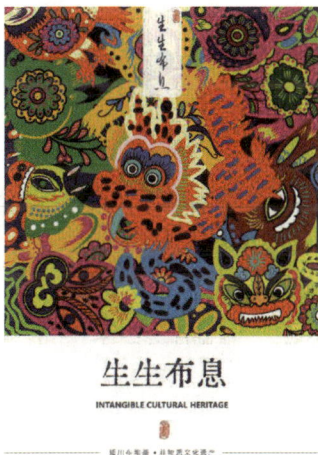

▲ 图8-67　延川布堆画海报设计

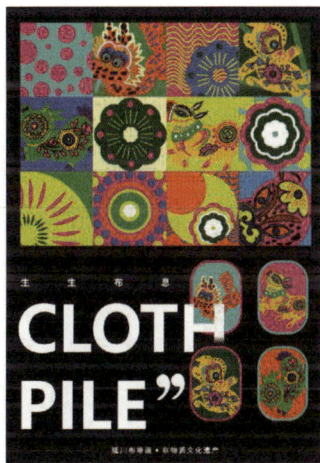

▲ 图8-68　色卡提取

▲ 图8-69　logo设计

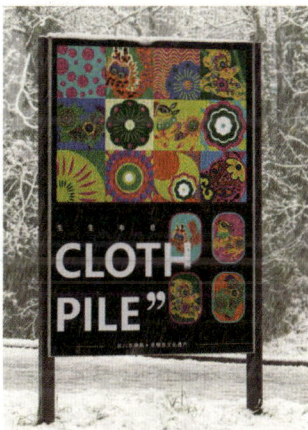

▲ 图8-70　海报效果图

▲ 图8-71　生生布息时尚服装展示效果图

▲ 图8-72　生生布息周边衍生品设计图

声生不息（生生不息）——陕北说书海报设计

设　　计：邵茹慧

指导老师：李文凤

　　本设计取名为声生不息（生生不息），"生生不息"涵盖了文学、艺术、哲学等多个领域，指说书艺术乐音不止、说书艺术技艺传承及非遗文化延续。灵感来自彩色窗折射的光，将一个个色块进行排列，色块自由变换延展，其变换延展也寓意陕北说书艺术的多元化以及文化和思想的融合。彩色的色块也给人带来希望，表达陕北说书非遗文化的发展传承，声生不息、生生不息（图8-73~图8-81）。

▲ 图8-73　设计灵感来源

▲ 图8-74　海报设计展示

▲ 图8-75 海报设计过程

▲ 图8-76 "声生不息"字体设计

▲ 图8-77 色块变动延展设计

▲ 图8-78　海报延展设计

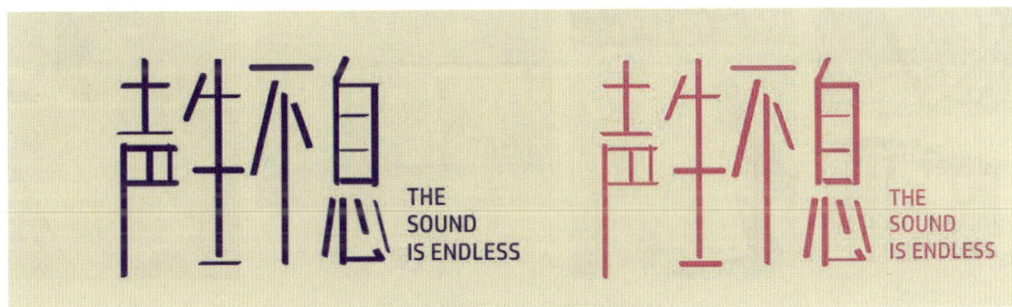

▲ 图8-79　字体延展设计

▲ 图8-80　便签、贴纸、邮票设计

▲ 图8-81　应用效果展示

水陶里——富县陶艺非遗主题餐厅品牌设计

设　　计：李佳璐

指导老师：李文凤、宫凯、王韦策、花晓松

富县泥塑（黑陶）是陕西省省级非物质文化遗产之一。黑陶以其独特的黑色纹理和质感赢得了众多人的青睐。其各类造型展现了黑陶艺人的独特匠心。

本设计以富县陶艺进行创新设计，寻找泥塑的独特点，提炼概括图案样式，从而进行主题餐厅品牌设计，让更多的人了解富县陶艺，弘扬延安精神，带动相关产业的发展（图8-82～图8-84）。

消费群体：18～40岁群体。

营销方式：利用视觉设计吸引消费者（可成为网红打卡餐厅）。独特的企业文化，为消费者带来不一样的消费体验。利用折扣活动，刺激消费。

▲ 图8-82　"水陶里"标志

营销目的：让年轻一代了解非物质文化遗产——富县泥塑，增强民族文化自豪感和自信心。

进行品牌设计时，提炼图形并进行整合，注重颜色搭配，使色彩鲜艳，具有较强视觉冲击力。设定蓝色为品牌标准色，融入各图形设计中。

▲ 图8-83　元素提取

▲ 图8-84　图形整合

（一）品牌延展设计（图8-85～图8-87）

▲ 图8-85　"水陶里"餐厅海报设计

▲ 图8-86　"水陶里"餐厅餐盘、底衬设计

▲ 图8-87 "水陶里"餐厅菜单正背面设计

（二）餐厅基础用品（图8-88～图8-94）

▲ 图8-88 "水陶里"餐厅湿巾设计

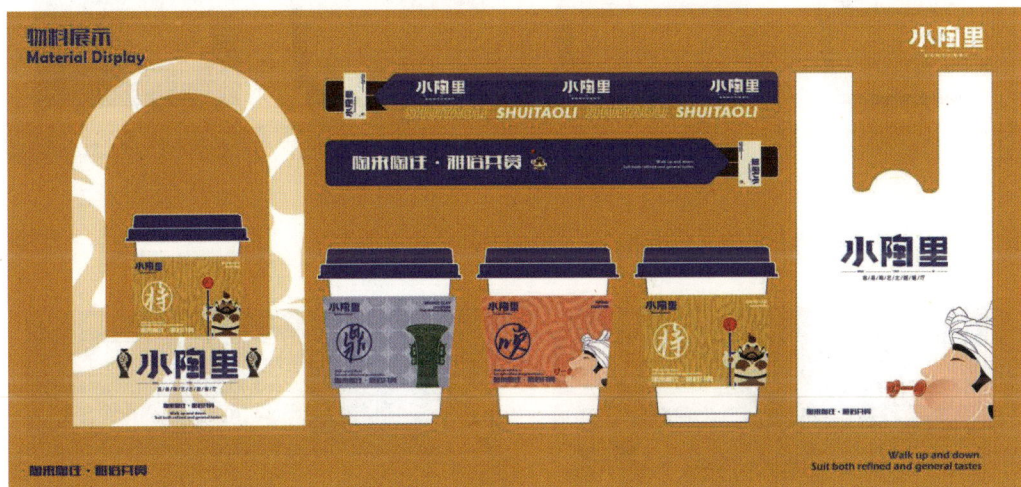

▲ 图8-89 "水陶里"餐厅筷子套、杯子、打包袋系列设计

▲ 图8-90 提示贴纸设计

▲ 图8-91 筷子套设计

▲ 图8-92 筷子标签设计

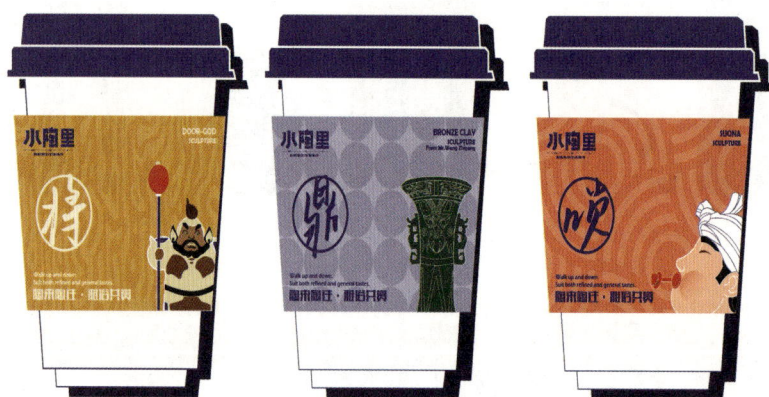

▲ 图8-93 杯子系列设计

▲ 图8-94 杯子效果图

（三）其余物料设计（图8-95～图8-115）

▲ 图8-95 营业提示牌设计

▲ 图8-96 点餐桌牌设计

▲ 图8-97 桌牌号设计

▲ 图8-98 贴纸设计

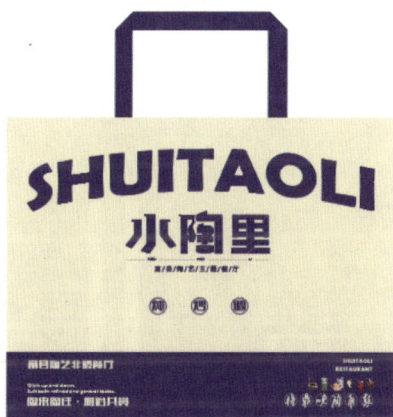

▲ 图8-99 礼盒设计

▲ 图8-100 围裙设计

▲ 图8-101 打包袋设计

▲ 图8-102　优惠券设计

▲ 图8-103　餐具效果图（一）

▲ 图8-104　餐具效果图（二）

▲ 图8-105　餐巾纸、筷子套效果图

▲ 图8-106　餐厅杯子效果图

▲ 图8-107　工牌效果图

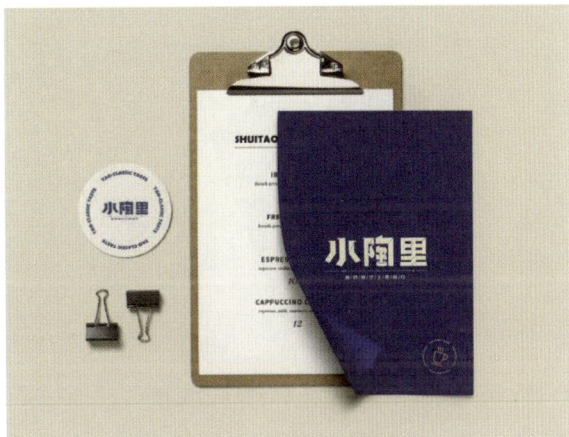

▲ 图8-108　菜单夹效果图

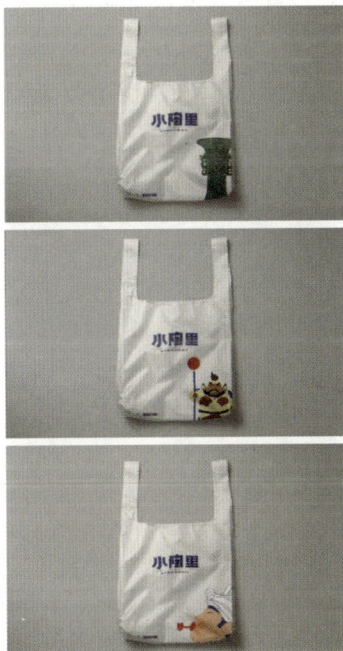

▲ 图8-109　打包袋效果图

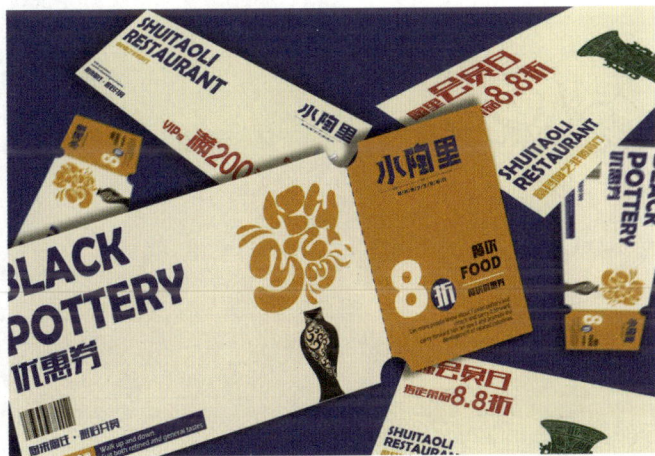

▲ 图8-110　卡券效果图

▲ 图8-111　宣传展示牌

▲ 图8-112　楼体宣传牌

▲ 图8-113　水杯赠品效果图

▲ 图8-114　桌子立牌效果图

▲ 图8-115　海报效果图

说书人的事——陕北说书视觉可视化及表情包设计

设　　计：曹天乐

指导老师：李文凤、花晓松、王韦策、宫凯

　　陕北说书的传统表演形式是艺人手持三弦或琵琶用陕北方言自弹自唱，说唱民间故事。陕北说书的曲调激扬，富于变化，素有"九腔十八调"之称，具有浓郁的陕北地方特色。陕北说书是陕西北部特有的一种曲艺形式，它展现了陕北人民的智慧和创造力，也是中国民间文化宝库中的重要组成部分。本设计以说书为切入点，通过对陕北说书相关信息的整理与概括，对陕北说书进行信息可视化设计，让更多的人了解陕北说书这项非遗，从而更好地传承与发扬陕北说书文化（图8-116～图8-122）。

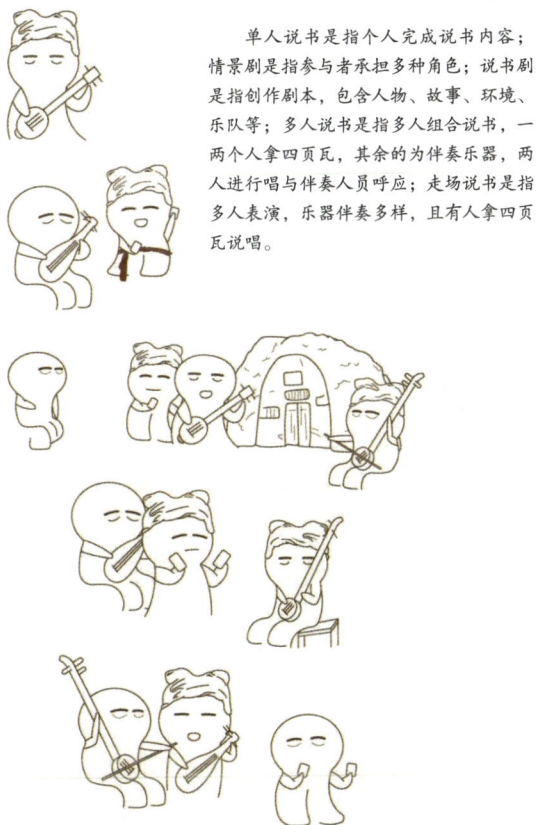

单人说书是指个人完成说书内容；情景剧是指参与者承担多种角色；说书剧是指创作剧本，包含人物、故事、环境、乐队等；多人说书是指多人组合说书，一两个人拿四页瓦，其余的为伴奏乐器，两人进行唱与伴奏人员呼应；走场说书是指多人表演，乐器伴奏多样，且有人拿四页瓦说唱。

▲ 图8-116　表演形式可视化

▲ 图8-117　陕北说书人物可视化

▲ 图8-118 说书代表人韩起祥老先生可视化

▲ 图8-119 说书乐器三弦

▲ 图8-120 说书乐器琵琶

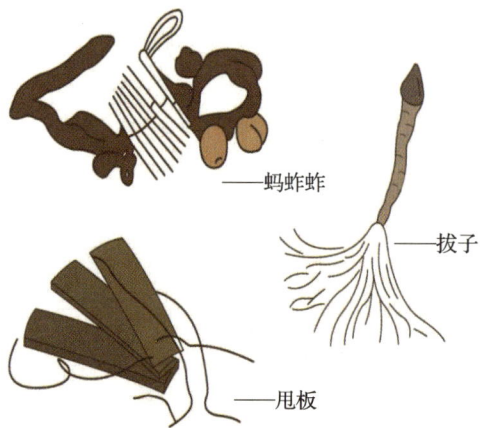

——蚂蚱蚱

——拔子

——甩板

▲ 图8-121 说书的各种乐器可视化

坚定

说书

大哭

大喊

疑惑

大笑

呕吐

愤怒

▲ 图8-122 陕北说书人物表情包

熏画字体图形化设计

设　　　计：姚君兰

指导老师：李文凤、花晓松、王韦策、宫凯

　　熏画，作为一种传统的中国艺术形式，以其独特的烟雾熏染效果和深邃的意境而闻名。在设计中，提取并概括熏画剪纸的设计元素，结合熏画剪纸的艺术特征，选取具有美好寓意及对称形式的中国汉字，结合熏画剪纸中的"软硬色"加以渐变，营造出熏染的效果，体现出熏画艺术极具特色的一点。熏画字体图形化设计是一种将熏画艺术与字体设计相结合的创新设计手法。以下为熏画作品展示（图8-123~图8-129）。

▲图8-123　熏画字体图形化设计

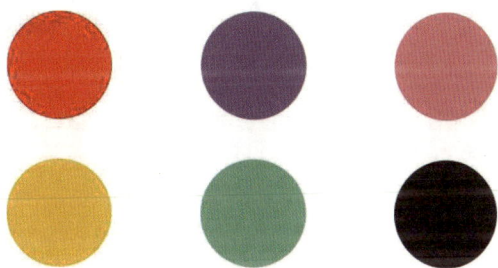

▲图8-124　颜色提取

▲图8-125　熏画英文字体延展设计

▲ 图8-126　熏画挂件设计

▲ 图8-127　熏画邮票设计

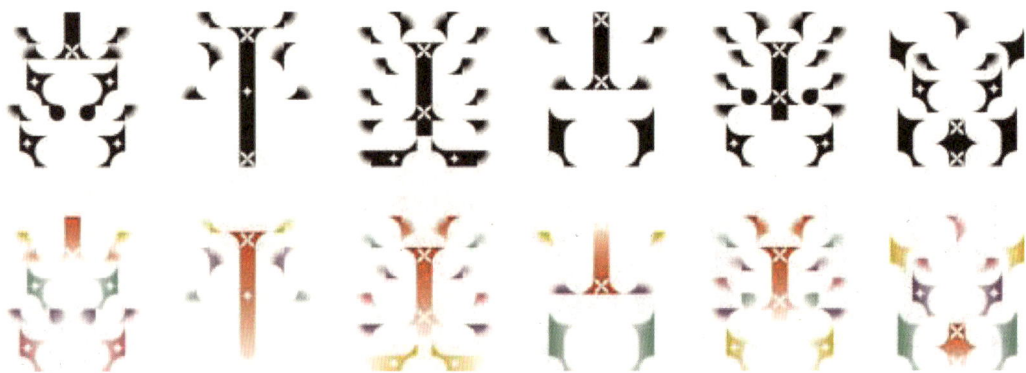

▲ 图8-128　熏画字体延展设计

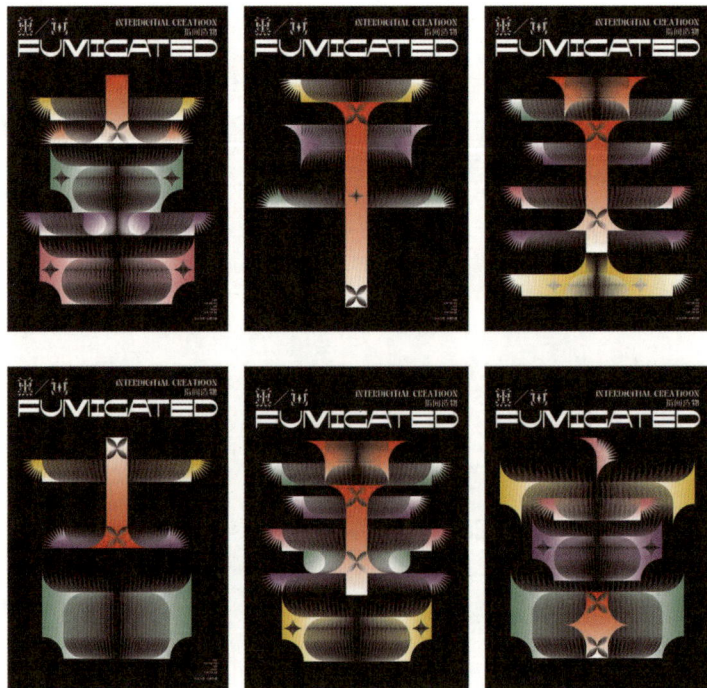

▼ 图8-129　熏画海报设计

延安·旅卷——非遗剪纸文创设计

设　　计：张伊扬
指导教师：李文凤、花晓松、王韦策、宫凯

本设计以陕西延安著名建筑为设计灵感，创作插画设计，延安宝塔山、鲁迅艺术学院、杨家岭、枣园、清凉山、延安革命纪念馆等呈现出新的设计形式，在配色上选择了红、白两色，借用延安非遗剪纸的创作手法，将几何插画设计运用到邮票、门票及其他周边文创设计上。通过这些旅游伴手礼，将一幅幅延安旅卷展现在游客面前，希望游客可以发现并了解延安的文化及非遗，进而加深游客对延安的了解（图8-130～图8-142）。

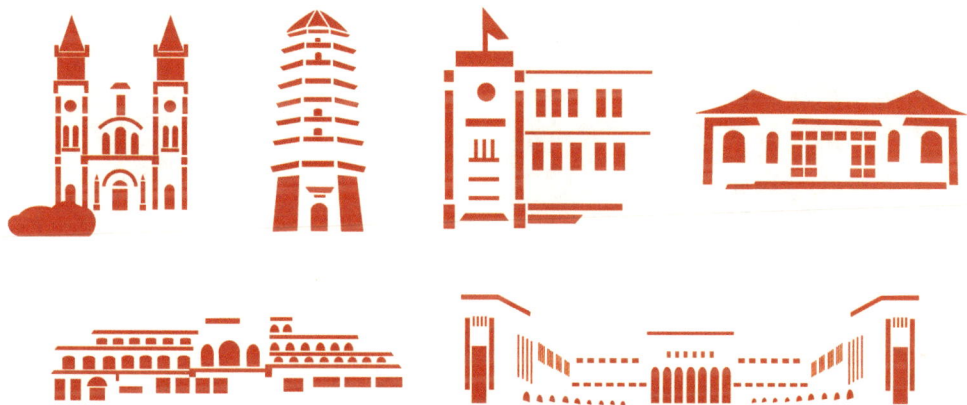

▲图8-130　元素提取

▲图8-131　海报设计（一）

▲图8-132　海报设计（二）

▲ 图8-133　文创应用设计（邮票）

▲ 图8-134　文创样机展示（邮票）

▲ 图8-135　文创应用设计（门票）

▲ 图8-136　文创样机展示（门票）

▲ 图8-137　礼品袋

▲ 图8-138　抱枕

▲ 图8-139　口罩

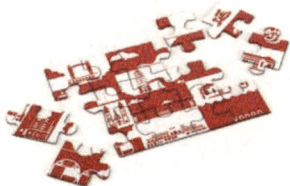
▲ 图8-140　拼图

▲ 图8-141　照片

▲ 图8-142　亚克力钥匙扣

言笑延延——延安非遗品牌设计

设　　计：李明玥

指导老师：李文凤、花晓松、王韦策、宫凯

延安地区人民淳朴友善、文化底蕴雄厚，本设计融入了延安文化，加入了红色革命基地、黄土高坡等设计元素，以扁平化设计为主，化繁为简，色彩鲜艳古典。通过延、颜、严、言、宴等文字的选择，最终确定使用"言笑延延"为主题。当地人民淳朴的民风民俗，在黄土中载歌载舞，在斗争中创造艺术，开朗、乐观、豁达是他们精神的象征，更是延安人民对生活的态度（图8-143～图8-148）。

▲ 图8-143　主品牌图形

▲ 图8-144　主品牌图形元素分解

▲ 图8-145　延展图形

▲ 图8-146　海报设计

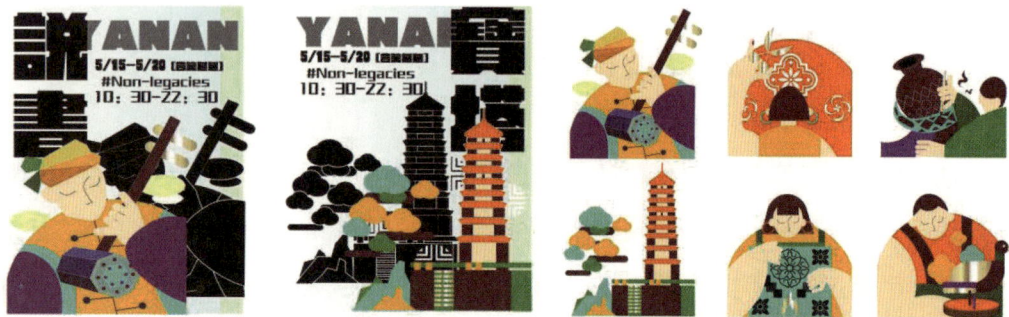

▲ 图8-147 品牌主图形

▲ 图8-148 应用效果图

延安面花信息图表设计

设　　计：陈诗怡
指导教师：李文凤、花晓松、王韦策、宫凯

　　黄陵面花是陕西省延安市黄陵县一带的传统面点，也是中国传统面食文化的代表之一，蕴含了丰富的社会风情和劳动人民对美好生活最朴实的愿望。本设计将陕西黄陵面花与信息可视化相结合，以图示意，将黄陵面花制作的传统工艺、具体制作过程以鲜明的视觉效果进行展现，给予人们视觉美感并让人们以图形的形式更清晰地了解面花。面花存在于延安的各个重要节日和礼仪活动中，本设计用可视化的方式传达其本身的形态和寓意（图8-149～图8-154）。

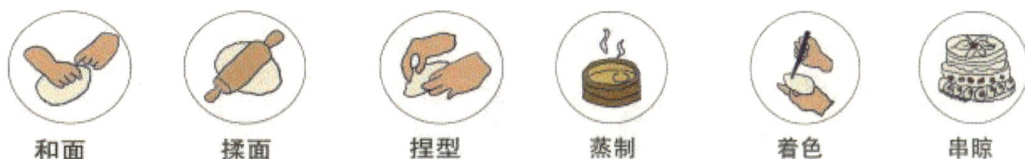

和面　　　揉面　　　捏型　　　蒸制　　　着色　　　串晾
▲ 图8-149　面花制作步骤

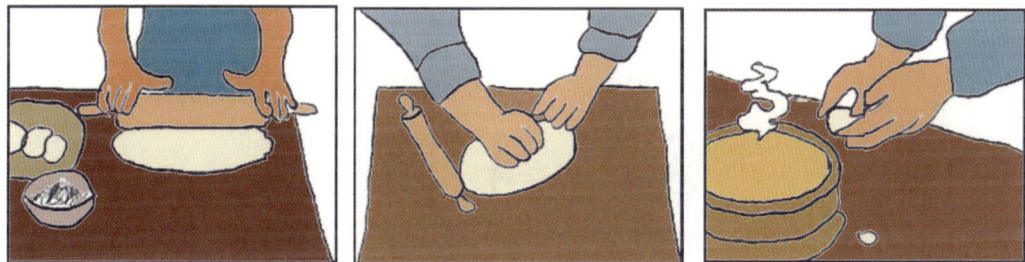

▲ 图8-150　制作技艺

▲ 图8-151　面花图形创新

▲ 图8-152　文创效果图

西部非遗与设计

▲ 图8-153　面花组合效果

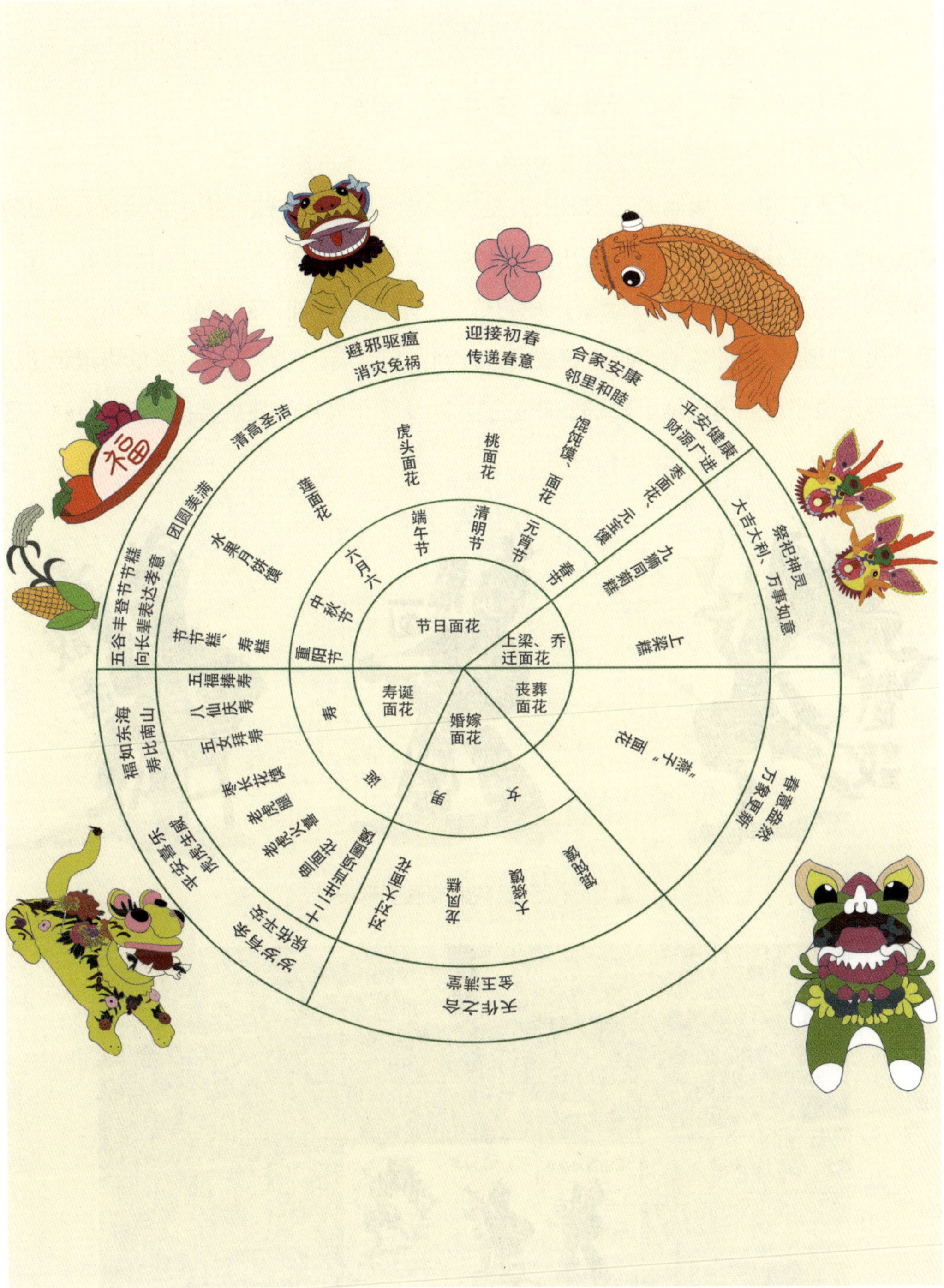

▲ 图8-154　面花信息图表

陕北熏画海报及延展设计

设　　计：闫　爽

指导教师：李文凤、花晓松、王韦策、宫凯

　　熏画兼具剪纸和版画的艺术效果，是中国民间艺苑的一株奇葩。它与富县剪纸珠联璧合，为富县赢得"中国民间艺术之乡"的美名。逢年过节，当地妇女聚在一起，画的画，剪的剪，熏的熏，家家户户的炕头、墙壁、碗架等处都贴了熏画，五彩纷呈，美不胜收。通过实地调研，对熏画进行创作与延展，整体通过夸张的表现手法，生动地还原当地非遗服饰、舞蹈、非遗工艺以及陕北人物的外貌特征（图8-155～图8-160）。

▲ 图8-155　陕北熏画图形设计

▲ 图8-156　海报应用

▲ 图8-157　陕北熏画海报

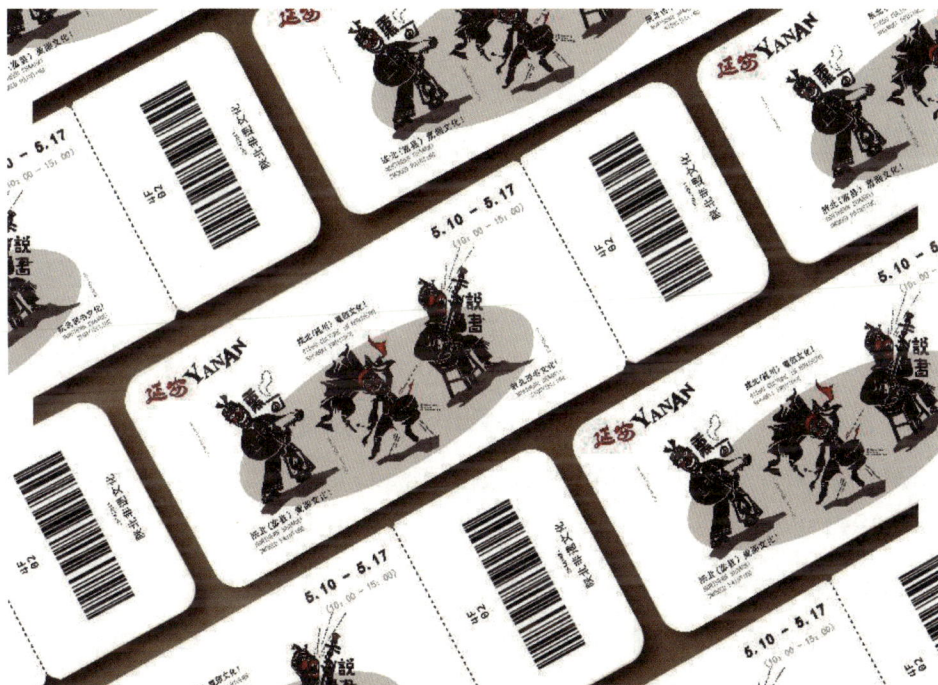

▲ 图8-158　陕北熏画票面设计

▲ 图8-159　陕北熏画工作证

▲ 图8-160　陕北熏画邮票设计

结　语

当我们回望西部那些璀璨夺目的非物质文化遗产时，不禁为它们所蕴含的深厚底蕴和精湛技艺而赞叹不已。这些珍贵的文化遗产，如同历史的珍珠，闪烁着民族智慧的光芒，它们所蕴含的历史价值、民族特色以及无与伦比的艺术魅力，无不令人折服。

通过对西部非遗的实地调研和分析，我们清晰地意识到非遗文化与现代设计那千丝万缕的联系，两者之间的相互促进。非遗不仅仅是历史的记忆，更是现代设计的灵感源泉。作为中华民族多元文化的瑰宝，西部非遗承载着深厚的历史文化底蕴，彰显着西部各民族独特的艺术风格和审美追求。这些独特的艺术风格，既体现了西部地区的自然环境和人文特色，也展现了各民族对美的独到见解。

通过对西部非遗进行系统的分类和整理，我们得以更加全面地了解这些非遗项目的形式、特征和内涵。非遗项目种类繁多，不仅有传统的音乐、舞蹈、戏剧，还有精湛的传统技艺和独特的民俗仪式。它们是西部地区文化的特有符号，更是中华民族多元文化的生动展现。这些非遗项目所蕴含的丰富素材和灵感，为现代设计提供了无尽的创意空间。设计师们可以从中汲取灵感，将非遗元素与现代设计相融合，创造出既有民族特色又符合现代审美需求的设计作品。

在西部非遗与设计的关系探讨中，我们认识到设计不仅仅是美的追求，更是一种对传统文化的传承和发展。通过深入挖掘西部非遗的设计元素，我们能够在现代设计中融入传统文化的精髓，创造出具有民族特色和时代感的设计作品。同时，设计也为非遗的保护和传承提供了新的思路和手段，推动了非遗文化的传承和发展。

西部非遗的设计创新实践中，非遗元素与现代设计的有机融合以及设计创新对非遗文化传承都有积极的推动作用。通过一系列的设计课题实践，本团队尝试将非遗元素在文旅产业、文创产品、品牌延伸等多个领域应用，取得了显著的成果和社会效益。这些实践案例不仅为非遗文化的传承和发展提供了有益的探索和借鉴，也为现代设计注入了新的活力和创意。

然而，我们也必须清醒地认识到西部非遗保护和传承所面临的机遇和挑战。在政策支持、文旅产业兴起、乡村振兴战略推动等多重因素的助力下，西部非遗迎来了前所未有的发展机遇。与此同时，生态环境恶化、传承断层、现代生活方式的冲击等问题也给非遗的保护和传承带来了严峻的挑战。因此，我们需要进一步加强非遗保护名录和传承人认定机制的建设，加大对非遗项目的资金投入和宣传推广力度，鼓励非遗项目与旅游、文化产业融合发展，同时加强非遗教育和普及工作，提高公众对非遗保护和传承的认识和参与度。

我们深深震撼于西部地区源远流长的历史文化，内心不禁升腾起对中华文明的敬仰与热爱。悠久深厚的历史文化和独特的民俗风情孕育了西部地区丰富多彩的非物质文化遗产。同时，我们也期待未来有更多的设计师和创意人才能够加入到西部非遗的保护和传承队伍中来，共同推动西部非遗文化的传承和创新发展。希望此书能够为读者提供有益的启示和借鉴，激发人们对非遗文化更多的关注和热爱，共同书写中华民族文化的华丽篇章，让非遗继续在现代社会绽放出更加耀眼的光芒。

参考文献

[1] 王文章.非物质文化遗产保护步入规范里程[N].人民日报,2005-06-10(14).

[2] 陈华文.关于建立非物质文化生态保护的对策报告[M]//浙江师范大学,浙江省非物质文化遗产研究基地.非物质文化遗产研究集刊:第三辑.北京:学苑出版社,2010:62.

[3] 崔华春.民间艺术考察与设计[M].北京:清华大学出版社,2014.

[4] 苑利,顾军.非物质文化遗产学[M].北京:高等教育出版社,2009.

[5] 王文章.非物质文化遗产概论[M].北京:文化艺术出版社,2006.

[6] 刘勰.文心雕龙注[M].范文澜,注.北京:人民文学出版社,2006.

[7] 冯冠超.中国风格的当代化设计[M].重庆:重庆出版社,2007.

[8] 祝帅.中国文化与中国设计十讲[M].北京:中国电力出版社,2006.

[9] 陈新生.传统艺术与现代设计[M].合肥:中国科学技术大学出版社,2007.

[10] 刘正宏,张峻,孙磊."非遗"文化创新实战与应用[M].北京:中国轻工业出版社,2018.

[11] 谭坤.指阅读下的"非遗"数字传播[M].北京:中国纺织出版社有限公司,2022.

[12] 张耀全.凤翔马勺脸谱[M].北京:中国社会科学出版社,2013.

[13] 马箖珺.陕西社火马勺脸谱主要代表人物与常见绘制内容分析[J].明日风尚,2018(14):126-127.

[14] 尚尚.陕西关中马勺脸谱艺术研究[D].武汉:湖北工业大学,2017.

[15] 周春梅.因地制宜发展乡村旅游[N].人民日报,2023-06-07(9).

[16] 程郁.塑造乡村特色产业优势[N].经济日报,2023-04-27(10).

[17] 陈琳琳.中国国粹艺术读本:中国民族民间舞蹈[M].北京:中国文联出版社,2011.

[18] 张蕾.中国刺绣[M].福州:福建美术出版社,2007.

[19] 叶星生.唐卡[M].北京:文联出版社,2012.

[20] 韦荣慧.苗绣[M].北京:民族出版社,2007.

[21] 潘鲁生,苗红磊.剪纸[M].北京:中国社会出版社,2009.

[22] 章莉莉.非遗活态传承:重链手工艺和现代生活需求:章莉莉谈设计与扶贫[J].设计,2020(18):70-74.

[23] 胡宇.非遗与传统文化传播在数字技术视野下的逻辑变化[J].美术教育研究,2024(3):55-57.

[24] 宋俊华,武静.国家战略视野下非遗保护研究的新趋势:"非遗保护与国家战略学术研讨会"述评[J].文化遗产,2024(1):144.

[25] 赵磊.非遗符号的文化内涵在视觉传达设计中的应用研究[J].天工,2023(35):23-25.

[26] 张希月,虞虎,陈田,等.非物质文化遗产资源旅游开发价值评价体系与应用:以苏州市为例[J].地理科学进展,2016(8):997-1007.

[27] 沈久福.华县皮影艺术[M].西安:陕西人民出版社,2013.

[28] 周锦.数字文化产业赋能乡村振兴战略的机理和路径[J].农村经济,2021(11):10-16.

[29] 罗茜.非遗视域下文创产品设计实践与开发策略研究[J].今古文创,2021(10):83-84.

[30] 徐鸣,马晓昱.基于文化自信的非遗与文创研究综述[J].工业工程设计,2020(6): 1-11.

[31] 吴楠,邢颐.建议督查我国《非遗法》落实情况[N].中国社会科学报,2018-03-14(6).

[32] 朝戈金.非物质文化遗产的特性与《非遗法》[J].西北民族研究, 2011(2):13-14.

[33] 包海默,刘鲁昊,杜文慧.基于凤翔泥塑造型的动态文创玩具设计[J].包装工程,2024,45 (4): 491.

[34] 宁小丽,田军.贵州苗绣纹样在现代设计中的借鉴与应用[J].贵州民族研究,2015, 36 (7): 49-52.

[35] 康思雨. 西秦刺绣在服饰品中的创新应用[D]. 西安:西安工程大学, 2019.

[36] 日本和纸:靠双手传承的千年工艺[EB/OL].(2024-11-27)[2024-12-24].http://japan.people.com.cn/n/2014/1127/c368223-26107037-3.html.

[37] 宋辰,王玮,马伯尧. 非物质文化遗产"蓝印花布"的品牌塑造与创新[J]. 戏剧之家, 2018(30): 99-102.

[38] 齐海涛.符号学语意下非遗视觉元素创新衍生设计探析[J].包装工程,2020,41(20): 195-199.

[39] 柳宗悦,徐艺乙.民艺运动的贡献[J].中国非物质文化遗产,2021(3):121−128.

[40] MINFENG R. Protection and inheritance of intangible cultural heritage in Tangshan " Beautiful Country"[J]. Agro Food Industry Hi-Tech, 2017, 28(1): 376−380.

[41] GRAMMALIDIS N, DIMITROPOULOS K, TSALAKANIDOU F, et al.The i-treasures intangible cultural heritage dataset[C]//Proceedings of the 3rd International Symposium on Movement and Computing,July 5−6, 2016,Thessaloniki,Greece. New York,United States:Association for Computing Machinery,2016: 1−8.

[42] XUE K, LI Y, MENG X. An evaluation model to assess the communication effects of intangible cultural heritage[J]. Journal of Cultural Heritage, 2019(40): 124−132.

[43] GIANNOULAKIS S, TSAPATSOULIS N, GRAMMALIDIS N. Metadata for intangible cultural heritage[C]//Proceedings of the 13th International Joint Conference on Computer Vision, Imaging and Computer Graphics Theory and Applications,January 27−29, 2018,Funchal‐Madeira, Portugal.Cham,Switzerland:Springer,2018: 634−645.

[44] HOU Y, KENDERDINE S, PICCA D, et al. Digitizing intangible cultural heritage embodied: state of the art[J]. Journal on Computing and Cultural Heritage, 2022, 15(3): 1−20.

[45] VECCO M. A definition of cultural heritage: from the tangible to the intangible[J]. Journal of Cultural Heritage, 2010, 11(3): 321−324.

[46] SELMANOVIĆ E, RIZVIC S, HARVEY C, et al. Improving accessibility to intangible cultural heritage preservation using virtual reality[J]. Journal on Computing and Cultural Heritage, 2020, 13(2): 1−19.

[47] 上海市非物质文化遗产保护管理办公室. 中国非物质文化遗产[M].上海:上海三联书店, 2013.

[48] 李炎.非物质文化遗产传承与保护发展[M].北京: 清华大学出版社,2023.